A crueldade no feminino

Sophie de Mijolla-Mellor

A crueldade no feminino

Tradução
Procopio Abreu

Editor
José Nazar

Companhia de Freud

TÍTULO ORIGINAL
La Cruauté au féminin

Direitos de edição em língua portuguesa adquiridos pela
EDITORA CAMPO MATÊMICO

EDITORAÇÃO ELETRÔNICA
FA - Editoração Eletrônica

TRADUÇÃO
Procopio Abreu

REVISÃO
Sandra Felgueiras

EDITOR RESPONSÁVEL
José Nazar

Rio de Janeiro, 2004

FICHA CATALOGRÁFICA

M579c
Mijolla-Mellor, Sophie.
A Crueldade no Feminino / Sophie Mijolla-Mellor; tradução Procopio Abreu. – [Rio de Janeiro] : Companhia de Freud, 2005.

249 p. ; 23 cm

Inclui Bibliografia e Índices.

ISBN 85-85717-94-7

1. Psicanálise. 2. Mulheres e Psicanálise. 3. Crueldade. I. Título.

CDD-150.95

Companhia de Freud
ENDEREÇO PARA CORRESPONDÊNCIA
Rua Barão de Sertório, 57
Tel.: (21) 2293-7166 • (21) 2293-9440
Rio Comprido - Rio de Janeiro
e-mail: ciadefreud@ism.com.br

Sumário

Lista dos autores

Sophie de MIJOLLA-MELLOR

Psicanalista, membro do IV° Grupo OPLF, professora de psicopatologia e psicanálise na Universidade Paris VII – Denis-Diderot. Dirige a Escola doutoral "Pesquisas em psicanálise" e co-dirige as revistas *Topique* e *Recherches en psychanalyse*. Publicou notadamente: *Le plaisir de pensée* (PUF, 1992) e, nas Éditons Dunod, *Meurtre familier* (1995), *Penser la psychose* (1998), *Le besoin de savoir* (2002) e *Le besoin de croire* (2004).

Julia KRISTEVA

Professora no Institut Universitaire de France, escritora, psicanalista. Dirige a Escola doutoral "Langue, Littérature, Image – civilisation et sciences humaines, domaines francophone et anglophone", na Universidade Paris VII – Denis-Diderot. Entre suas últimas obras publicadas (t. 1: *Hannah Arendt*; t. 2: *Melanie Klein*; t. 3: *Colette*) em Gallimard "Folio Essais" (2003) e *Meurtre à Byzance* em Fayard (2004).

Dominique Cupa

Professora de psicopatologia na Universidade de Paris X – Nanterre. Dirige a Équipe d'accueil 3460, e o Laboratório de psicopatologia psicanalítica dos acessos somáticos e identitários, componente da EA 3460. Universitária mas também clínica, dirige uma Unidade de psiconefrologia num centro hospitalar (AURA) em Paris. Suas pesquisas atuais estão centradas no funcionamento pulsional intrapsíquico e intersubjetivo nas variações arcaicas.

Karine Rouquet-Brutin

Professora colocada à disposição pela Universidade Paris VII – Denis-Diderot em estruturas de cuidado ou de prevenção para estudantes. Além de numerosos artigos, publicou *L'alchimie thérapeutique de la lecture: des larmes au livre* (L'Harmattan, 2000).

Michèle Bompard-Porte

Psicanalista e professora na Université de Bretagne occidentale. Dirige o Centre de recherches en psychologie de Brest (CRPSI). Uma parte de seu trabalho de pesquisa se refere à psicologia de massas, segundo Freud. Acaba de publicar: *De l'angoisse. Psychanalyse des peurs individuelles et collectives* (Armand Colin, 2004).

Brigitte Galtier

Professora-pesquisadora em literatura na Universidade de Cergy, nela anima o programa "Artes literárias, artes clínicas" com R. Fonkua e C. Jacot-Grapa (vol. 1 editado por CRTH/Encrage, 2003). Publicou *L'écrit des jours, lire les journaux personnels: Alice James, Eugène Dabit, Sandor Ferenczi* (Paris, Champion, 1997).

Antoinette Molinié

Antropóloga. Publicou numerosos trabalhos sobre as sociedades tradicionais andinas (Peru, Bolívia) e faz atualmente pesquisas sobre a religião popular na Espanha. É atualmente diretora de pesquisa no CNRS (Centre national de recherches scientifiques). Ensina na Universidade de Paris X – Nanterre.

SOPHIE DE MIJOLLA-MELLOR

Preâmbulo

A CRUELDADE ORIGINÁRIA

> Eu tinha em meu prato um peixe particularmente apetitoso e bem dourado, um linguado grelhado, acho... Eu retirava delicadamente os primeiros filés e os degustava com delícia. Depois, comecei a cavar o olho com a colherzinha e foi então que, para meu horror indizível, o peixe começou a se mexer: ele estava vivo no prato!
> Eu estava petrificada pelo sentimento de uma culpa sem nome por não me ter dado conta disso antes.

Este sonho infantil e terrível condensa o paradoxo da pulsão cruel, que não é nem o desejo de infligir sofrimento nem o de dele gozar, mas propriamente a ignorância da alteridade sensível do outro, que só é percebido como uma presa. Por isso, ao contrário do sadismo, a crueldade tem, antes de mais nada, uma dimensão arcaica que se confunde com a própria pulsão.

A crueldade só se revela tal quando a moção pulsional em sua natureza autárquica é pega de surpresa pela revelação *a posteriori* que lhe devolve seu objeto, quando ele lhe mostra que está vivo, sensível, mutilável, às vezes de maneira irreversível.

No entanto, a crueldade banal assume aspectos mais aceitáveis, pelo menos em aparência. Bem longe da destrutividade ou do sadismo, ela não hesita em se dar a inocência da expressão da realidade, até mesmo a da dureza da lei, e se confunde, então, com a recusa inexorável da compaixão ou da misericórdia.

Mas a crueldade ressurge insensivelmente quando o sujeito começa a querer impô-la como uma necessidade ao dela se fazer o agente. Ele arrisca, então, identificar-se com ela e dessolidarizar-se do sofrimento daquele que a sofre e, rígido como a justiça, enfatuar-se com um papel que ele pensa superior.

Da experiência infantil de trair um irmão ou uma irmã e de fazer com que seja punido(a) ao relatar o que fez de errado aos pais à obediência passiva, ou pretendida tal, do executante de ordens desumanas existe apenas uma diferença de idade e de grau. Nos dois casos, uma solidariedade "natural" se rompe e se vilipendia a fim de gozar dos benefícios de uma aproximação com o poder. Mas em que esse assunto teria a ver com o "feminino"?

O propósito desta obra não é, antecipamos, atribuir a crueldade às mulheres como um apanágio específico, nem mesmo dizer em que o fato de pertencer ao gênero feminino desenharia uma tipologia particular de atos ou de fantasias cruéis. Talvez, em compensação, na medida em que a agressividade e a violência são mais precoce e solidamente reprimidas na menina, as condições de observação da pulsão cruel originária sejam mais facilmente observáveis.

Não esqueçamos: foi a filha, Anna, quem ensinou a Freud as meândricas fantasias de uma menina testemunha da violência parental em relação a uma outra criança da fratria... Sabemos que seu pai não hesitará em ver nisso "um traço primário de perversão" (Freud, 1919) e em construir a partir daí a estrutura ternária da fantasia "Uma criança é espancada", da qual em geral só se retém a contribuição relativa ao masoquismo, oriundo da inversão que faz da criança espancada o próprio fantasiante.

Ora, ao contrário, é da primeira fase da fantasia que desejamos recomeçar ("O pai espanca a criança odiada por mim [*moi*]"), tal como Anna, tornada filha preferida de Freud, lhe revelará, na idade adulta, na aproximação edipiana que colocará este em posição de analista e assegurará àquela estar indefectivelmente "do lado do pai"...

O que toda criança evita nessa ruptura da solidariedade fraterna senão a experiência dolorosa descrita por Freud nestes termos: "Assim, mais de uma criança que acha estar reinando em segurança no amor inabalável de seus pais de repente é destituída de todos os céus de seu todo-poder presunçoso" (*ibid.*, p. 227)?

Assim, temos de voltar ao tempo anterior à queda, antes dessa "ruptura do solo da evidência" (Mijolla-Mellor, 1992), para situarmos o prazer próprio à fantasia de fustigação. Ora, nesse estádio, é a mãe – ou pelo menos o materno, uma vez que o pai também pode, em parte, dele participar – quem constitui o mundo.

Entretanto, o feminino que aqui designamos nem por isso é o materno visto do ponto de vista da mãe e não é tampouco o feminino tal como Freud vai procurar defini-lo como uma aquisição longa e difícil para a menina. Trata-se dessa imagem arcaica bem representada pela conjunção entre a abordagem kleiniana e a de Piera Aulagnier, em que a vida pulsional do filho se confunde com o feminino da mãe que tende a englobá-lo, ouve suas demandas com suas próprias projeções e se faz para ele "porta-voz" em sua relação, que se antecipa ao mundo. O feminino assim designado é esse conglomerado primordial no qual o filho está imerso, seja ele menino ou menina, e de onde deverá sair para não continuar sendo apêndice ou terra colonizada dessa matriz original.

Mas em que a crueldade está aqui em jogo?

Se voltarmos à primeira fase da fantasia "Uma criança é espancada", encontramos sob a pluma de Freud uma formulação bem interessante que nos conduz direto ao disforme inapreensível do conglomerado precedentemente evocado. A fantasia que satisfaz a um só tempo a pulsão amorosa da criança e seus interesses egoístas não é fácil de ser caracterizada, "pareceria, pois, com a promessa feita pelas três feiticeiras a Banco* : não decerto sexual, nem mesmo sádica, mas *a matéria de onde devem sair um e outro*" (sublinho).

Os textos que vamos ler giram em torno dessa estranha predição shakespeariana para situar a crueldade, aquém do sadismo, no gozo do todo-poder que o filho empresta à mãe primordial.

O fato de esta também ser feita da complementaridade trazida pelo filho, que com isso goza por simbiose, explica por que aquele feminino repousa sobre a fantasia deste. A crueldade aí aparece como um tempo de antes, o que a ambigüidade da noção de "barbárie" tentará reencontrar numa volta que só pode ser destruidora. Ao inverso, o que o sonho do peixe evocado mais acima confirma é que, como representação primária, a crueldade está inconsciente, mas, em compensação, se revela no *a posteriori* da queda para fora do todo-poder que faz dela, então, um erro irremediável. É impossível querer tentar identificar-se apesar de tudo com esse todo-poder cruel, pois o próprio voto é sádico em sua essência,

* Personagem de *Macbeth*, que reaparece sob a forma de um espectro. (NT)

guiado por uma espera de prazer que não ignora mais nada do sofrimento do outro.

Nesse ponto, encontram-se e fixam-se num nó perverso a destrutividade espontânea, que está ligada ao próprio movimento da vida que se afirma às expensas e na inconsciência do que a cerca, e a rigidez dos equilíbrios de poder que lhe asseguram a regulação.

Apoiando-se nesta última, o sadismo individual vai usar do álibi de uma crueldade necessária e salutar, legal para resumir, aquela que ignora, rejeita, elimina da mesma forma que se "enxuga" o pessoal excedente de uma empresa ou que se "poda" o que não é rentável ou que causa sombra...

Mas é possível se livrar da crueldade?

Freud nos ensinou que, de um ponto de vista individual ou coletivo, era inútil e perigoso querer ignorar o pendor que temos para a agressão e a predação de outrem. Por isso, conhecê-lo permite reprimi-lo ou sublimar-lhe o exercício, ou então, ao contrário, será que o campo assim aberto não é tanto mais ilimitado porquanto se paramenta das aparências da boa consciência e dos bons motivos?

Essa difícil partilha entre dureza e crueldade está na origem de muitos desvios. O próprio Freud não hesita em assegurar ao Homem dos Ratos que ele não tem pessoalmente nenhum pendor para a crueldade, que decerto não gostaria de atormentá-lo, mas que não pode dispensá-lo de coisas de que não dispõe: "Ele poderia igualmente me pedir para lhe dar de presente dois cometas", conclui ele.

A denegação de Freud tem muito o que nos ensinar a respeito da crueldade. Sabemos que ele exigirá do Homem dos Ratos que, apesar de sua angústia e de seu sofrimento reiterados pelo relato do suplício cruel dos ratos que penetram no ânus do condenado por um funil e o devoram por dentro, ele diga isso em voz alta e que, ao enunciá-lo, assuma esse terrível gozo. A crueldade se inscreve em cascata num jogo de espelhos: a do inventor do suplício, a do carrasco, a do narrador (o "capitão cruel", mas também o próprio Homem dos Ratos) e, enfim, a dos escutadores que a retransmitirão como elemento do relato clínico. Aí veremos, conforme os protagonistas, uma barbárie sádica, um gozo masoquista ou a expressão da dureza da regra, a da análise, no caso, que impõe tudo dizer seja qual for o desprazer que a isso se ligue.

Tentar descobrir a crueldade sob suas formas banalizadas e compreender-lhes a significação pulsional e os riscos de extensão individuais e coletivos constitui para o psicanalista um desafio a ser aceito.

A reflexão em comum que levamos a cabo sobre esse assunto tinha por objetivo extrair uma especificidade que diferenciasse suas diversas figuras. Mas como apreendê-la numa forma simples sem esvaziá-la de seu conteúdo e dela fazer um retrato abstrato, uma épura metapsicológica? Os textos que vamos ler tomaram um partido bem diferente, o de abordá-la através de obras literárias, confiando na idéia de que aí também o exemplo pode revelar-se como a própria coisa.

O argumento na origem deste livro é a denominação bem conhecida de "rainhas do crime" que qualifica certas romancistas de língua inglesa, autoras de romances e contos policiais. Em geral consideradas herdeiras de Agatha Christie, na verdade são bem diferentes desta e tampouco se parecem muito entre si. Têm, no entanto, algo em comum que justifica essa filiação imaginária. Fica claro que uma interrogação sobre o que os leitores – e mais particularmente as leitoras – desses textos podiam neles buscar (e encontrar maciçamente, se levarmos em conta o fato de que sempre se trata de *best-sellers*) é de natureza a esclarecer um gozo do cruel, uma maneira de viver as moções primitivas nesse domínio, que sempre estão imperfeitamente recobertas pelo verniz da civilização.

Para além do enigma e do suspense, da angústia e do prazer que gera o roteiro quando se trata de uma situação imaginária dominada, algo de comum na maneira de conduzir o relato, de apresentar os fatos parece-me justificar a aproximação entre essas autoras de ficções. Esse afeto recorrente que atravessa seus textos se refere à *crueldade*, e surge a interrogação de saber se não estaríamos, então, em presença de uma modalidade especificamente feminina desse componente pulsional que Freud considerava de essência masculina.

Certo, a distância da narração permite designar essa crueldade como a do outro ao qual nenhuma identificação é requerida e que conforta, ao contrário, o leitor em sua posição de inocência. Mas por que sempre precisar persuadir-se disso de novo se não for para mobilizar o arrepio da presença do pulsional sob sua forma arcaica, a do tempo de antes, quando a culpa ainda não havia exercido seu domínio?

O caráter imediato do princípio de prazer está no fundamento da crueldade que sempre se confunde com a insensibilidade, até mesmo a desumanidade, não na busca do sofrimento do outro, mas na indiferença, na ignorância a seu respeito. Tal posição se afigura rapidamente insustentável, pois suporia um sujeito sem fantasia, sem percepção do outro. Por isso, o destino da crueldade originária é ser alcançada pelo sadismo que introduz o desejo e, portanto, o humano.

Entretanto, essa indiferença não nos diz respeito apenas como uma posição megalomaníaca delirante ou abstrata. Ela remete fundamentalmente à desproporção, à assimetria existente entre o bebê e sua mãe. É essa mesma desproporção que encontramos todas as vezes que está em questão a crueldade que sempre se exerce sobre um fraco, quer se trate de uma criança, de um animal ou de uma minoria étnica. O modelo original dessa relação de dependência entre aquele que vai se tornar vítima e aquele que vai abusar de sua força encontra-se na relação entre a mãe e o filho pequeno. Se o choro deste, quando a alerta e ela a ele responde com eficácia, constitui a matriz da troca humana e o ponto de partida dos motivos morais, não é precisamente porque está em seu temível poder ignorá-lo?

A esse título, a indiferença materna pode bem aparecer como a figura emblemática da crueldade, de uma crueldade sem sadismo que seria apenas a ausência da extensão de seu narcisismo ao *infans*, necessária à sobrevivência deste último.

As figuras femininas convocadas nas páginas que vamos ler converteram essa dimensão quase sempre em seu avesso, ou seja, o do domínio sobre o outro com seu cortejo de justificações em nome do Bem, da educação ou do sacrifício pessoal. Mas a fantasia da Deusa Mãe, onipotente e indiferente, constitui a face oculta desse continente negro em relação ao qual a aberração suprema seria imaginar que ele pudesse querer algo fora dos objetos de sua própria completude.

JULIA KRISTEVA

Monstruosa Colette

ÉDIPO BIFACE

Desde os *Três ensaios sobre a teoria sexual* (1905), Freud assinala duas pulsões parciais na predisposição polimorfa da sexualidade infantil: a pulsão de "olhar-e-de-mostrar" e a pulsão de "crueldade"[1]. Sejam elas relativamente "independentes da sexualidade" ou haja "interferência", como quer a edição de 1915, entre o desenvolvimento sexual e essa pulsão "escópica-e-de-crueldade" (*Schau und Grausamkeitstriebe*), essa dupla pulsão "governa" a organização pré-genital. "O caráter infantil é facilmente levado à crueldade, pois o obstáculo que pára a pulsão de domínio diante da dor do outro – a capacidade de compadecer-se – forma-se relativamente tarde. A análise psicológica aprofundada dessa pulsão, como sabemos, ainda não chegou ao fim: estamos no direito de supor que a moção cruel provém da pulsão de domínio e surge na vida sexual

[1] S. Freud, *Trois essais*... (1905 *d*), p. 119.

num momento em que as partes genitais ainda não assumiram seu papel ulterior" (*ibid.*, p. 121).

Os sucessores de Freud, notadamente as mulheres psicanalistas como Melanie Klein, mas também Helen Deutsch, e até as pesquisadoras modernas, insistem no caráter específico dessa pulsão *de crueldade e de ver/saber* na mulher. Esteja ela escorada pela inveja do seio ou do pênis, seja ela tributária da "vagina alugada ao ânus" segundo Lou Andréas-Salomé, seja ela reativada pela angústia de castração ou assuma ela a forma de uma agressividade reivindicadora com o falo, ou apareça ela ainda como um acerto de contas encarniçado com o objeto de prazer que traz a sombra do objeto de necessidade, objeto materno primário – essa crueldade especificamente feminina se apresenta como duplo da depressividade feminina, como sua variante maníaca estabilizadora e inconsolável.

Atenta a Freud e a Lacan, tentei, no que me diz respeito, encarar a sexualidade feminina como uma co-presença sexualidade/pensamento, propondo distinguir duas fases no Édipo. Como a pulsão escópica-e-de-crueldade, ligada por Freud à sexualidade pré-genital e ao domínio, amarra-se à função da linguagem e do pensamento nesse Édipo biface? Será esta a questão que me colocarei antes de abordar certos aspectos da escrita de Colette.

A primeira fase edipiana, chamemo-la *Édipo primeiro*, vai do nascimento à fase dita fálica, de três aos seis anos. Entregue à sedução parental e notadamente materna, a menina está longe de ser um objeto passivo sobre o qual se impregnam os "significantes enigmáticos" dos dois pais. Como, e mais que o menino, ela é, decerto, um corpo cavernoso, uma criança arrombada, entregue junto com seus orifícios à intrusão do adulto. Mas, enquanto o *infans* macho pode escapar desse destino de "ser penetrado", recalcando-o mais facilmente que a menina, graças ao erotismo peniano que já prepara a fase fálica, o destino psicossexual da menina comporta ambigüidades mais complexas.

Por um lado, o "eu-pele" (Didier Anzieu), o eu [*moi*] orificial e toda a sensorialidade da menina se oferecem à sedução-apassivação que engaja o narcisismo, ao mesmo tempo que o masoquismo e suas ab-reações sádicas: devorar o seio com o pênis, bombardear com as fezes, captar-ser captada pelos cinco sentidos, etc. A excitabilidade clitoridiana, variável conforme os sujeitos e supostamente de menor intensidade que a excitabilidade peniana, também não deixa de ser mobilizada para incitar a menina a possuir ativamente o objeto primeiro que é a mãe sedutora inconsciente. Mas essa atividade erétil parece fortemente recoberta, até mesmo dominada pela excitação orificial, pela participação erótica do corpo cavernoso oral-anal-vaginal no vínculo sensitivo com a mãe.

Passividade e agressividade marcam, portanto, a crueldade "minoe-miceniena" (para retomar o termo de Freud) e parecem contradizer a serenidade de um "ser" entrevista por Winnicott, anterior ao "fazer" pulsional.

Mais ainda, o interior cavernoso, passivo-e-ativo, da menina é acompanhado de um investimento narcísico ambivalente entre filha e mãe, que favorece muito cedo a *psiquização do objeto*. Inveja e gratidão, trazidas pela pulsão escópica, fixam o objeto *fora*, ao passo que a erotização do corpo cavernoso que escora o interior psíquico capta o objeto *dentro* pelo viés da identificação projetiva. Assim, o vínculo com a mãe é colocado a um só tempo fora, como objeto de necessidade, indispensável consoladora, protótipo do parceiro ideal do qual a apaixonada exigirá em vão permanência e fidelidade; e *dentro*, como duplo sensível, doloroso e extático, um foro íntimo cruelmente impartilhável. Em resumo, o *Édipo primeiro* cliva o objeto em *objeto externo* – objeto da necessidade, prótese indispensável de minha identidade, alvo de meu domínio, suporte absoluto de meu resseguro narcísico; e em *objeto interno*, introjetado, psiquizado, encurvado para o invisível, o inominável, o segredo amoroso no qual vão se cavar os entrelaces dos amores, tecidos de sensações e de pré-linguagem, acerto de contas inomináveis.

Quanto ao *Édipo segundo*, ele cumpre o encontro decisivo, para todo ser falante (e da mulher também, mas de modo diferente), com o falo do pai – instância simbólica do interdito e da lei. Falei de *kaïros* fálico, invocando o termo grego para sublinhar o caráter destinal desse encontro em que o sujeito associa a excitabilidade *e* a lei, a energia *e* o sentido. O pênis do pai, instância dos interditos, presta-se então aos investimentos dos dois sexos para se tornar o falo: isto é, o significante da privação, da falta em ser, mas também do desejo, inclusive o desejo de significar – todos esses são componentes que fazem do falo o significante da lei simbólica. Na menina, esse encontro decisivo, esse *kaïros*, duplica-se de uma mudança de objeto: a excitação oral, anal, vaginal e clitoridiana se dá doravante por alvo o pai, que substitui a mãe.

Detalhemos rapidamente essa mudança.

Por um lado, sem essa "assunção fálica", a menina, identificando-se com o falo, não poderia desempenhar seu papel na universalidade da condição humana, condição que faz dela um ser falante e pensante segundo a lei. Mas ela adere à ordem fálica ao trazer os rastros indeléveis do *Édipo primeiro*: de sua sensorialidade polimorfa, votada à mãe, que lhe imprime as marcas de uma homossexualidade feminina endógena. Direi que a menina cumpre seu acesso à ordem fálica – que se erige sobre o fundo do "continente negro" ou "minoe-miceniano" – segundo a modalidade do "como se", do ilusório, do "jogo o jogo, mas sei bem que não *faço* parte dele, pois não o *tenho*". Em conseqüência, se não a imobilizar na pose da virago, a posição fálica da mulher constitui o sujeito feminino no registro da estranheza radical, de uma exclusão constitutiva de uma irreparável solidão.

Além disso, como se esse falicismo, necessário mas artificial, já não fosse suficientemente conflituoso e difícil de assumir, ele deve modular-se por uma nova postura psíquica que o *Édipo primeiro* já havia preparado, mas que só se cumpre durante o *Édipo segundo*: embora seja um sujeito fálico da fala, do pensamento e da lei, a menina não se retrai na posição passiva, como se costuma dizer, mas na posição receptiva, para se tornar o *objeto do pai*. Enquanto ser falante, ela é um sujeito fálico da ordem simbólica social; mas, enquanto mulher, ela deseja receber o pênis e obter um filho do pai, a partir do lugar da mãe com o qual ela não cessa de acertar as suas contas, no entanto impregnadas pela co-excitação original do *Édipo primeiro*.

Já que vou lhes falar de uma escritora e da crueldade na escrita, daremos agora um passo para o lado da teoria freudiana da simbolização, para lembrar sua dívida com a neurose obsessiva.

A compulsão de constrangimento, o desdobramento afeto/representação, a apreensão do *objeto* e do *outro* assim como de *si como outro*, na trama das representações, comandam não só a neurose obsessiva e o ritual religioso, mas – Freud é formal quanto a isso e nossa prática não pára de confirmá-lo – o próprio funcionamento da linguagem com o do pensamento, e mais ainda o da escrita. Com efeito, a sublimação não passa de uma erotização da própria representação, que protege o objeto erótico *stricto sensu*, para melhor captá-lo no "crime de pensar-escrever-falar" (segundo Laplanche). Se é verdade que o obsessivo criminaliza em excesso a atividade simbólica, e bem particularmente a escrita, já que esta desafia o tempo da gênese e da morte, e que seus produtos se prestam à fetichização indelével, não é menos verdade que a mesma atividade, criminosa para o inconsciente, a de falar-pensamento-escrever, absorve a crueldade da criança e se oferece como o campo privilegiado de sua expressão, além disso inocentado pelo reconhecimento social, prêmio do prazer narcísico e fálico.

As particularidades da sexualidade feminina que evoquei mais acima tornam mais difícil o acesso feminino ao crime de pensamento-falar-escrever. O *Édipo primeiro* precisa conservar o objeto real externo, embora o ataque, mas prefere captá-lo no sensorial inominável. Ao passo que a estranheza feminina à ordem simbólica, no *Édipo segundo*, pode conduzir a escrita feminina na insignificância convencional, ou, ao contrário, na raiva destruidora da qual conhecemos os meandros incolores da poesia melancólica e, ao inverso, a explosão *noir* do romance policial.

Sustento que a dicotomia sexual homem-mulher era uma esperteza da história, doravante em via de ser ultrapassada pelo polimorfismo dos dois sexos. Do ponto de vista do comportamento sexual, esse polimorfismo se apresenta como uma banalização da perversão, esta última sendo mais imperativa ainda quando se trata de criação artística. Se aceitarem essa constatação, compreenderão que, a partir de agora, será para mim impossível falar da "crueldade no feminino" em geral. Vou me limitar a lhes falar de uma crueldade específica, genial, a de Colette. Entretanto, o esquema que coloquei da psicossexualidade feminina em *Édipo primeiro / Édipo segundo* não terá sido inútil. Ele sustenta essa escrita singular, mas é o caráter particular, inimitável, o estilo de Colette em sua eclosão de metáforas, que são metamorfoses da língua em corpo sensível e vice-versa, que constitui sua crueldade derradeira, a monstruosidade particular da autora.

Eu poderia ter-lhes falado do comportamento cruel de Colette para com Willy, que o procurou, mas mesmo assim! Para com Missy, sua amante lésbica; para com a pequena Colette, sua filha, etc. Esses fatos biográficos encantam os biógrafos. Eu poderia ter-lhes falado ainda de sua ópera lírica *A criança e os sortilégios*, muito "*à la* Melanie Klein".

Escolhi diversos acontecimentos tipicamente textuais, para fazer com que entendessem como, de maneira especificamente colettiana, se realizam algumas das particularidades do Édipo feminino biface que esbocei para começar.

"... SE MADAME COLETTE NÃO FOR UM MONSTRO, ELA NÃO É NADA" (JEAN COCTEAU)

Em contraponto ao alfabeto radioso, existe, como dissemos, um alfabeto monstruoso em Colette. À beleza do corpo metamorfoseado em estilo saboroso e soberanamente difundido na carne do mundo, e que ela celebra sob o nome de Sido, opõem-se seus duplos "disformes, extensíveis, turbilhonantes". Impossível fugir das profundezas terríveis: "Olhe", o imperativo materno também serve para elas. Mais ainda, trata-se de dissecar com uma obstinação quase científica o que se oferece, assim, à vista, senão à visão: "Eu gostaria que, antes da fogueira, puséssemos o monstro para estudo, como um formigueiro sob um vidro..."[2].

O que aconteceu? Como a escrita transita do alfabeto-*jogo* e jardim encantados ao alfabeto-*caos* que "amolece o coração"? Uma vinheta intitulada "Serpente" nos conta o segredo dessa báscula como se se tratasse de um *distúrbio ótico*: quando o escritor cessa de ver claro, quando seu olho vigilante que domina seu objeto (aqui, uma serpente) é trocado por olhos *imaginários* que supostamente pertencem a esse próprio objeto, então a escrita deixa a superfície refinada das aparências. A autora crê distinguir, sob a "ingenuidade" dos desenhos que cobrem a pele do píton, uma multidão de retângulos, losangos e trapézios esmagados que "formam uma maneira de olho, um orbe provido quase de um olhar morto, e eu recuo..."[3]. A representação se perturba, a olhante olhada fica "espantada" de constatar essa inquietante estranheza no lugar do *outro*, diante dela: "Não somos nem do mesmo país, nem do mesmo ventre"[4]. E é só quando ela entende que esses olhos que a olhavam

---

[2] Colette, "Monstres", p. 172.

[3] *Ibid.*, p. 657.

[4] *Ibid.*, p. 548.

não eram os de *outrem*, mas o efeito de uma interferência de sua *própria vista* (pois o píton tinha seus "olhos de ouro invariáveis" bem seus, e a visão turva que assustava a espectadora era somente a sua própria), que a autora pode voltar a si: "Era um bicho como você e eu"[5] . Está acabada a estranheza! Ela provinha de uma inversão escópica olhando/olhado, sujeito/objeto, de uma projeção de meus olhos sobre a pele do outro de monogramas estranhos.

Mesmo assim não é indiferente notar que essa inversão pela qual a vidente se identifica com o objeto e crê ver-se com os olhos do outro acontece diante de uma serpente, símbolo fálico que "mexe e não vai a lugar algum", e num cheiro de "excrementos desconhecidos". Nessas circunstâncias bem precisas, desprovida de defesa ótica, a espectadora é remetida a suas repulsas sexuais primárias: a monstruosidade do píton de fato mais se situa no fundo de si mesmo, na sexualidade inconsciente da observadora, do que jaz na "platitude das poças" da frente. Os animais monstruosos de Colette são sua maneira de pôr em imagem sua "inquietante estranheza" – e a nossa.

Diferentemente do olhar observador, as alucinações vão direto ao insustentável e se aparentam com o *sonho*, esse "procedimento" privilegiado de uma exploração "antes da fogueira" que Colette se propõe empreender para sondar nossa monstruosidade intrínseca. Em *A gata*, à sensualidade contida de sua mulher Camille que, com ciúmes, tentará matar cruelmente sua rival felina[6] , Alain prefere uma gata, pela qual se apaixona perdidamente. Esse amor contra a natureza, essa loucura, tingida de serenidade idílica (em contraponto ao ciúme feroz de Camille, que tenta matar sua rival animal), só parece monstruosa quando a escritora mergulha nos sonhos de Alain. Olhar sem olhar, o último sonho de Alain é dominado por "um olho alado que voltejava"[7] : o olho da Gata, ou o

---

[5] *Ibid.*, p. 659.

[6] Colette, *La chatte*, p. 882.

[7] *Ibid.*, p. 659.

olho de Alain virado para sua aberração de homem apaixonado por uma gata? Desde seus primeiros sonhos, Alain foi confrontado com o disforme: "rostos turbilhonantes e extensíveis", "providos de um olho severo", evoluem numa "volta submarina" e fixam o dormidor com um "úmido olhar de monstro redondo". Colette define o sonho, "naufrágio cotidiano", como o arrombamento da representação, mas que, por essa razão, põe em cena a paixão do corpo indisposto, seu despedaçamento "fragmentado", "espalhando-se em dejetos fracamente luminosos". "Outras vezes, ele [Alain] só existia enquanto mão, braço, testa, globo ótico cheio de pensamentos, impulso astral do nariz, de queixos, e sempre aquele olho inchado, que, bem no momento de se explicar, girava e não mostrava mais senão sua outra face negra..."[8]. Como a alucinação da narradora diante do píton, o sonho de Alain é uma visão paradoxal que nos instala num outro registro da representação, mais profundo e mais perturbador. O objeto, aqui ainda, não é indiferente a essa crise do visível: Saha, a gata adorada, conduz Alain às profundezas do erotismo e o obrigará a deixar sua mulher para se refugiar... na casa da mãe. Obcecado pelo arcaico – o domínio materno para Alain, a obsessão anal e fálica na observadora do píton –, o sujeito perde e desfaz sua identidade ao mesmo tempo que sua visão estável, e a alucinação como o sonho são testemunhas dessa insustentável regressão.

O alfabeto assustador dos sonhos de Alain nos dá, portanto, outra versão do corpo que se deve bem chamar "metamórfico" de Colette, tanto ele é, mais que uma *metáfora*, a própria *metamorfose* das sensações e das pulsões em linguagem, estilo e narração: duplo do paraíso de Sido e em continuidade com ela. A animalidade e o hermafroditismo vão se impor como as duas figuras centrais da

---

[8] *Ibid.*, pp. 818-819.

monstruosidade segundo Colette, às quais vêm no entanto se juntar a dos assassinos, que a escritora vai ver nos tribunais para descrevê-los – ó escândalo – com evidente simpatia. Mas, se é verdade que o monstruoso lhe aparece num distúrbio do olhar que acompanha o distúrbio sexual do corpo metamórfico, é bem a escrita que é o elemento obrigatório de suas eclosões. E ela só pode sagrar os paraísos da sensibilidade se também visitar suas prisões.

Essa problemática da monstruosidade se impõe nos textos escritos no fim dos anos 1920 e no início dos anos 1930: *Aventuras cotidianas* (1924), *A mulher escondida* (1924), *O fim de Chéri* (1926), *O nascimento do dia* (1928), *Sido* (1929), *Prisões e paraísos* (1932), *O puro e o impuro* (1932). Os temas são retomados em *A gata* (1938), *Meus aprendizados* (1936), *Bella Vista* (1937) e, quanto aos processos dos assassinos, eles reaparecem em *Meus cadernos* (1941). O período em questão é consecutivo a *A casa de Claudine* (1922) e ao *Trigo verde* (1923), que viu afirmar-se uma sexualidade transgressiva e livre de todos os tabus, assim como a "passagem ao ato" incestuoso: é a passagem ao ato incestuoso com o filho Bertrand de seu segundo marido Henri de Jouvenel, trinta anos mais novo, que vai se inverter numa nova exploração da memória infantil. Só depois dessa relação com aquele que ela chama "um de seus filhos" é que Colette descobre a mãe da narradora, Sido (lembremos que Claudine era órfã de mãe): uma espécie de auto-análise brutal e nem por isso menos radical que culmina, como vimos, nessa apoteose da própria sublimação que Colette magnifica sob o nome de "Sido". Nesse contexto, a série dos "monstros" pode ser interpretada como um aprofundamento dos aspectos dramáticos, senão imorais, do mesmo corpo metamórfico cujo gozo conhecemos. Acompanhado de seus monstros, ele se revela e triunfa, seguro de seu poder imaginário levado até os limites de si e do insustentável.

A crueldade de Colette surge quando ela cessa de se entregar apenas aos prazeres e descreve as aberrações dos seres. O aberrante surge por toda parte onde não é esperado: na criança que desobedece, na feiúra feminina, na falsidade dos casais heterossexuais, até mesmo nas damas de letras... Todos semiloucos? As próprias flores são monstruosas: a anêmona, o lírio-do-vale, a glicínia, a orquídea são animais e assassinas, como com freqüência as mães, peritas na ordem da criminalidade. E eis que a bucólica Colette se faz autora de contos policiais: *Bella Vista* (1937) é uma coletânea que navega entre o grotesco e o patológico e confirma os gostos criminosos em que parece se deleitar "a dama dos gatinhos".

Mas é o caso Landru[9] que solicita bem particularmente a sua atenção, já que a ele volta várias vezes[10]: em seu relato que é manchete do *Matin* de 8 de novembro de 1921 (audiência de 7 de novembro) e naquele destinado a *La Revue de Paris* de 1º de dezembro de 1921; em "Assassinos", *Le Figaro*, domingo 11 de maio de 1924, retomado em *Aventuras cotidianas* (1924)[11]; e em "Landru", retomado em *Prisões e paraísos* (1932)[12]; ela o menciona também em *O fim de Chéri* (1926)[13].

O tom da jornalista é de imediato o da simpatia, "circunspecto" e "deferente": "Por que deixaria eu, falando dele, o tom da boa companhia? [...] E não tenho vontade alguma de me pôr no diapasão do ato de acusação que, durante quatro horas inteiras, derramou sobre uma cabeça de acusado os qualificativos menos ambíguos: 'Assassino... recortador de mulheres... sinistro noivo...'"[14]. Em *La Revue de Paris* de 1º de dezembro de 1921, ela vai até notar isto, que não figura na versão final de "Landru": "O que

---

[9] Désiré-Henri Landru (1869-1922) foi condenado à morte pelo assassinato de dez mulheres e o filho de uma delas e guilhotinado em 22 de fevereiro de 1922.

[10] Cf. Marie-Christine Bellosta, notices et notes, pp. 1298-1332 sq., e Michel Mercier, pp. 1583-1628 (*in* Colette, Pl, III).

[11] Colette, Pl, III, p. 84-87.

[12] *Ibid.*, pp. 746-749.

[13] *Ibid.*, p. 210: "Landru não conta [...] É normal, Landru".

[14] Colette, "Landru", p. 746.

é inconcebível – me diz um amigo – não é a curiosidade que você manifestou de ver Landru, é que, tendo-o visto, você falou dele nesse tom de reserva, de cortesia, quase de estima, verdade..."[15]. Depois de ter dado a Landru um autógrafo que ele lhe reclamara, Colette o descreve com uma certa indulgência, senão simpatia, identificável em sua insistência em compará-lo com os animais ou os selvagens... Eu gostaria de parar nessa crueldade inocente de Colette que naturaliza, se não inocenta o crime do *serial killer*.

Com efeito, os assassinos, tais como Landru ou o inglês Patrick Mahon, seriam os "detentores de uma animalidade em outra parte abolida, eles irradiam uma doçura cheia de trevas, banhados pela amenidade atribuída aos povos que o acaso preservou dos contatos europeus"[16]. Não é que Colette os "ame": com Marcel Schwob, ela dirá mais facilmente que ela "não ama" os sádicos hipócritas, tais como os encantadores de pássaros que são na realidade "sádicos sanguinários". Mas, ao inverso destes, o assassino que a preocupa não é um ser bestial, o qual, motivado pelo furor ou o álcool, "ignora o prazer de matar". Não, ele seria dotado do refinamento do perverso, cujo erotismo, inseparável da agressividade, o aparentaria ao animal: "[...] caridade de dar a morte como um carinho, de misturá-la a jogos que são feras distintas: todos os gatos, todos os tigres abraçam a presa e a lambem tanto quanto a machucam"[17]. Aos olhos de Colette, essa "horrível inocência" do assassino não pode ser totalmente censurável, como se "os usos da selva original" lhe parecessem mais autênticos, senão preferíveis às convenções modernas: "Ele ama de paixão, agrada, conquista, cansa-se do que conquistou e livra-se dele pelo assassinato"[18].

No entanto, e é uma observação clínica importante, Colette constata que, se os atavismos do assassino existem, eles estão bem

---

[15] *Ibid.*, notas e variantes, p. 1616.

[16] Colette, "Assassins", p. 86.

[17] *Ibid.*, p. 86.

[18] *Ibid.*, pp. 86-87.

jugulados. Desconectado de suas paixões, isolado de seus instintos, Landru seria antes um "falso *self*" (diriam os psicanalistas modernos) que dissimula os segredos de sua sexualidade, sob a "palidez monocromo" de um homem conveniente, até mesmo "ascético"[19]: "Em volta dele, tratava-se de talho, de ossos, de cozimento; uma noiva sobrevivente chegou à barra do tribunal e aí não teve sucesso, de repente intimidada e submetida uma segunda vez ao olho pacífico, negro, insondável, que não a buscava nem a evitava, brilhando como o olho dos pássaros, como eles desprovido de linguagem, de enternecimento e de melancolia"[20]. Comparada com a "fera delírio" do advogado geral, a frieza de Landru faz dele um ser muito conveniente. Da mesma forma que o público acha um ar "suave" e até "amável" no assassino inglês[21]. O criminoso não a revolta. Como às suas co-irmãs autoras de romances policiais, ele lhe inspira curiosidade e paixão de dizer: ela quer conhecer, ela sabe partilhar. Para gozar disso, é verdade, para superar também, como se soubesse que não há solução para a pulsão de morte a não ser a investigação que diz ao leitor: "Você pode saber" de onde vem a pulsão de morte.

Colette zomba aqui da ingenuidade da multidão e finge deixar-se enganar pela inocência do assassino para sondar melhor a sua bestialidade. A zombaria dará lugar, no texto do retrato de 1932, a uma insistência da "serenidade" de Landru[22]. Essa evolução na abordagem do monstruoso não se deve apenas ao fato de que se trata de inserir o criminoso numa série de retratos de personagens mundanos, sem que ali pareça deslocado ao olhar das sofisticações de uma Mistinguett e de uma Chanel. A fineza psicológica de

[19] *Ibid.*, p. 85.

[20] *Ibid.*

[21] *Ibid.*

[22] Cf. "Landru", p. 748, onde Colette retoma, com alguns cortes e retoques, os artigos de 1921, infletindo a simpatia inicial pela bestialidade do monstro numa atenção dada à sua capacidade de simulação.

Colette (ou seria essa facilidade que, segundo ela, teriam as mulheres de fingir, de crescer na mentira?) a leva a descobrir que Landru vive com uma falsa personalidade. Seria um acaso se, no mesmo momento, duas psicanalistas, Joan Rivière[23] e Helen Deutsch[24] vão descrever em detalhe essas "personalidades como se". Compa-

---

[23] Joan Rivière, ao analisar a "reação terapêutica negativa", escreve em 1936: "Ali onde as resistências narcísicas são muito pronunciadas, culminando na falta característica de *insight* e na ausência de resultados terapêuticos claros, essas resistências na verdade fazem parte de um sistema altamente organizado de defesas contra um estado mais ou menos inconscientemente depressivo no paciente e funcionam como uma *máscara* ou um *disfarce* em relação à 'depressão'" (p. 7) (sublinhamos). Ela liga essa *máscara*, esse *disfarce* à defesa maníaca, ao sentimento de onipotência e à racionalização intelectual e explica essa *denegação* de chegar à verdade psíquica pelo medo de descobrir "algo pior". A enganação, como a doença ou a impossível análise desses pacientes, aparece, em última instância, como um *compromisso* que esconde o amor do paciente por seus objetos internos (por seus pais interiorizados): "*É o amor experimentado pelo paciente por seus objetos internos* que se esconde atrás desses compromissos, engendra a culpa insuportável do sofrimento, a necessidade de lhes sacrificar sua vida, e também a perspectiva da morte que torna a resistência obstinada" (p. 17). Cf. Joan Rivière, "Contribution to the analysis of the negative therapeutic reaction", pp. 304-320.

[24] Seus distúrbios afetivos lembram a clivagem da esquizofrenia sem nela se confundir e são identificados notadamente nas personalidades políticas e na histeria, em particular feminina: "A psicanálise desvela que no indivíduo 'como se' não é mais um ato de recalque, mas uma perda real do investimento de objeto. A relação aparentemente normal com o mundo corresponde ao espírito de *imitação* da criança e é a expressão da identificação com o meio à volta, um mimetismo que culmina numa adaptação aparentemente boa ao mundo da realidade, apesar da ausência de investimento de objeto" (Helen Deutsch, "Some forms of emiotional disturbances...", p. 225). A psicanalista nota judiciosamente, e bem no sentido de Arendt, a qual não parece conhecer seus trabalhos, que as personalidades "como se" poderiam ter evitado (ou escondido) sua psicopatologia se tivessem podido investir-se nas "circunstâncias favoráveis" de uma ação política (Helene Deutsch, "L'imposteur", *ibid.*, p. 275). Esses trabalhos anunciam as investigações ulteriores de D. W. Winnicott sobre o "falso *self*" ("Distorsion du moi en fonction du vrai et du faux *self*", pp. 115-132).

rado aos magistrados do tribunal do júri, Landru seria, segundo Colette, o único a saber "se portar", a se "preocupar com as conveniências", a se paramentar, ainda que momentaneamente, com "a grandeza que falta a nossos juízes"[25]. É decerto desumano, com esse olho profundamente incrustado, e sobretudo em razão dessa aptidão em simular a vida, que evoca o robô, o manequim de cera: "Se esse rosto assusta, é que ele parece, ossudo mas normal, *imitar perfeitamente a humanidade*, como esses *manequins imóveis* que apresentam as roupas de homens nas vitrines"[26]. E Colette identifica em Landru uma variante dessa "banalidade do mal" que Arendt devia mais tarde decifrar no nazista Eichmann, igualmente meticuloso, obsessivo e dissociado de sua crueldade por sua obediência de funcionário zeloso[27]:

> Landru toma notas, atento e longínquo ao mesmo tempo, ou passeia pela sala, sem bravata, o olhar que apaixonou tantas vítimas. Ele deixa ver que o barulho o incomoda. Assoa o nariz com pose, dobra o lenço em quatro partes, põe para fora a aba do bolso exterior. Como é *cuidadoso*! Ele matou? Se matou, eu juraria que foi com esse cuidado *burocrático*, um pouco *maníaco*, admiravelmente lúcido, que ele dá à *classificação de suas notas*, à redação de seus dossiês. Ele matou? Então, foi assobiando uma musiquinha e usando um avental com medo das manchas. Um louco sádico, Landru? Claro que não. Ele é bem mais impenetrável, pelo menos para nós. Imaginamos mais ou

---

[25] Colette, "Landru", "Portraits", pp. 746-747.

[26] *Ibid.*, p. 747; sublinhamos.

[27] Cf. Julia Kristeva, *Le génie féminin*, t. 1: *Hannah Arendt*, pp. 233-248.

> menos o que é o furor, lúbrico ou não, mas ficamos estúpidos diante do assassino tranqüilo e doce, que mantém um carnê de vítimas e que talvez descansou, em seu trabalho, acotovelado à janela e dando pão aos passarinhos[28].

No entanto, essa insensibilidade que distingue o obsessivo "burocrático" e "maníaco" do perverso ávido do sangue e do dinheiro de suas vítimas e que banaliza seu comportamento seria a manifestação, segundo Colette, de uma sobrevivência arcaica que remontaria, senão ao reino animal, pelo menos aos antigos ritos dos sacrifícios primitivos: "Landru parecia sonhar acima deles, *retirado de nós, de volta talvez a um mundo muito antigo*, a uma época em que o sangue não era nem mais sagrado nem mais horrível que o vinho ou o leite, um tempo em que o sacrificador, sentado sobre a pedra molhada e morna, esquecia-se respirando uma flor..."[29]. Trata-se de desculpar o mal, como se pôde dizer contra Colette? Ou, antes, de enraizá-lo nesses recantos da humana condição onde cada um poderia tentar identificá-lo, sublimá-lo?

A sublimação: derradeira crueldade? Ou a única saída nesses impasses onde se estrangulam, hoje ainda, o "bem" e o "mal"? Pessoalmente, tenho vontade de saudar a amoral, a cruel Colette.

Malaise dans la civilisation (culture) (1929), Paris, PUF, 1976

---

[28] Colette, "Landru", p. 748; sublinhamos.

[29] *Ibid.*, p. 748; sublinhamos.

SOPHIE DE MIJOLLA-MELLOR

Mulheres, feras e grandes criminosos

Animal mas não humana, a crueldade angustia como a ressurgência arcaica de um passado recalcado contra o qual a identidade individual do sujeito e a da civilização laboriosamente se construíram. A volta ao estado selvagem sempre é possível, seja ele chamado barbárie, ignorância do outro ou indiferença narcísica. Esta última, quando se junta à fragilidade e à inocência da criança pequena, enternece como um tesouro efêmero. No entanto, se seguirmos Freud, certos adultos continuam a participar disso.

Assim, as mulheres narcísicas, apesar ou em razão da frustração que elas impõem àqueles que delas se aproximam, são irresistíveis, na medida da fantasia nostálgica da onipotência infantil que elas não teriam perdido:

> Tais mulheres exercem o maior encanto sobre os homens, não só por razões estéticas, já que costumam ser as mais belas, mas também em razão de constelações psicológicas interessantes.

> Com efeito, fica claro que o narcisismo de uma pessoa exerce uma grande atração sobre aqueles que se desfizeram de toda a medida de seu próprio narcisismo e estão em busca do amor de objeto; o encanto da criança repousa em boa parte sobre seu narcisismo, o fato de que ela se basta, sua inacessibilidade; da mesma forma, o encanto de certos animais que parecem não se preocupar conosco, como os gatos e os grandes animais de caça; e mesmo o grande criminoso e o humorista forçam nosso interesse, quando a poesia os apresenta a nós por esse narcisismo conseqüente que eles sabem montar ao manterem à distância do Eu [*Moi*] tudo o que o diminuiria (Freud, 1914 *c*, pp. 94-95).

Personagens narcísicos e, portanto, auto-suficientes, seja... mas predadores e tanto mais perigosos porquanto parecem não se preocupar com a presa. A inacessibilidade seria apenas o resultado de uma excessiva atenção por parte do objeto, tão disposto a se oferecer que nem precisaria ser desejado, pelo menos explicitamente? Ou então é preciso ver nessa indiferença uma disposição libidinal fundamental?

Meu discurso partirá de uma interrogação surgida da contradição na própria proposta de Freud, que dá o "componente cruel" como sendo de essência masculina[1], mas aproxima o feminino, disjunto do materno, de uma indiferença que teríamos razões para considerar cruel se for preciso vê-la como similar à indiferença da fera ou do grande criminoso. O fenômeno literário das "rainhas do

[1] Cf. *Minutas da Sociedade Psicanalítica de Viena*, em 6 de novembro de 1907. Freud intervém para dizer que "a componente cruel é 'masculina'". É verdade que ele acrescenta que ela existe também na mulher e que não há fundamentalmente diferença entre o inconsciente do homem e o da mulher.

crime" vai me servir aqui de campo de investigação, senão de material clínico.

Essas romancistas de língua inglesa, autoras de romances ou de contos policiais, em geral são consideradas as herdeiras de Agatha Christie; na realidade, são muito diferentes dela e tampouco se assemelham entre si. Mas têm algo em comum que justifica essa filiação imaginária. Constatei que um questionamento sobre o que os leitores – que em geral são leitoras – desses textos podem neles buscar (e neles encontrar maciçamente, se levarmos em conta o fato de que sempre se trata de *best-sellers*) era de natureza a esclarecer a *banalidade* do interesse pelo crime, no sentido em que Hannah Arendt fala da "banalidade do mal". Não se trata aqui de entender banal no sentido de uma minimização, mas da descoberta de uma partilha à qual qualquer um tem acesso, sem ser por isso dotado de características excepcionais.

O roteiro do crime tem algo a ver com a cena primária, a isso voltarei; mas, para além do enigma e do suspense, da angústia e do prazer gerado por esse roteiro quando se trata de uma situação imaginária dominada, algo de comum na maneira de conduzir o relato, de apresentar os fatos justifica a aproximação entre essas autoras de ficções. Esse afeto recorrente que atravessa seus textos refere-se à *crueldade*, e a interrogação surge de saber se estaríamos, então, em presença de uma modalidade especificamente feminina desse componente pulsional.

A NOÇÃO DE *GRAUSAMKEITKOMPONENTE* EM FREUD

O esquema da pulsão parcial

A crueldade (*Grausamkeit*) encontra em Freud sua definição com a introdução, em 1905, da noção de pulsão parcial (*Partialtri-*

ebe). A pulsão se define, em oposição à estimulação exterior, como o que nasce de uma "fonte *endossomática* de estimulação escorrendo de modo contínuo" (1905 *d*, p. 83). A pulsão é a "representância psíquica" (*Psychische Repräsentanz*) dessa fonte, isto é, uma quantidade de trabalho pedida à vida psíquica em razão de sua ligação com o corporal. ("A pulsão é, portanto, um dos conceitos da demarcação entre o psíquico e o somático".)

Em que a pulsão é "parcial"? Pelo fato de estar "ligada a uma zona erógena"[2], isto é, a um órgão que recebe os estímulos, o que não significa que o órgão seja apenas erógeno, já que também pode ser funcional, ambigüidade que faz a base do sintoma histérico. O caráter "parcial" da pulsão remete aqui a uma geografia corporal que vai especificar as pulsões em função do órgão fonte e lhes atribuir objetivos em ligação com a natureza deste[3].

Esse esquema simples não vai tardar a estar em dificuldade quando Freud abandonar o paradigma da histeria. Assim, a respeito da neurose obsessiva, ele constata a importância dos "impulsos que criam novos objetivos sexuais e *que parecem independentes das zonas erógenas*" (*ibid.*, p. 85).

O esquema da pulsão parcial está em perigo? Não, pois Freud apela então para analogias: "No prazer de olhar e de se exibir, o olho *corresponde* a uma zona erógena, ao passo que no caso de componentes da pulsão sexual como a dor e a crueldade é a pele que

---

[2] "Os órgãos do corpo libertam excitações de *duas espécies* que se diferenciam em função de sua natureza química. Qualificamos *uma dessas espécies de excitação* de especificamente sexual e o órgão correspondente de 'zona erógena' da pulsão parcial que dali emana" (1905 *d*, p. 84).

[3] O que diferencia as pulsões umas das outras, dotando-as de propriedades específicas, é a relação que elas têm com suas fontes somáticas (1905 *d*, p. 82, texto acrescentado em 1915).

desempenha esse papel" (*ibid.*, p. 85). É, pois, a noção de "zona erógena" que vai dever ser precisada: existem "*zonas predestinadas*" ("mamilo, partes genitais", diz Freud), isto é, zonas destinadas a entrar em relação com um outro indivíduo ou no aleitamento, ou na relação sexual. Entretanto, *qualquer zona do corpo* pode se tornar zona erógena, pois é a "qualidade do estímulo" e não as propriedades específicas da região do corpo em questão que é determinante.

E o estímulo então? Ele engendra o prazer se responder a "condições particulares" que Freud ainda se reconhece incapaz de definir, já que se limita a indicar a *ritmicidade*, entre as ditas condições. Estamos, pois, diante do seguinte esquema:

> 1/ uma quantidade de zonas erógenas quase ilimitada, já que qualquer lugar do corpo é suscetível de se tornar "zona erógena";
> 2/ uma ou qualidades particulares da estimulação própria a engendrar a sensação de prazer (mas aí Freud nomeia apenas a ritmicidade);
> 3/ uma sensação de prazer que não é especificada em função da zona erógena, mas que é, em compensação, "especificamente" sexual.

Essa sensação de prazer ocorre quando uma *estimulação externa* (que consiste na maioria do tempo em "uma manipulação análoga à sucção", diz Freud [*op. cit.*, p. 109]) suspende a sensação de estimulação de *origem central* projetada numa zona erógena periférica. Em outras palavras, existe uma *necessidade de prazer*, e é essa necessidade que chama literalmente a estimulação externa ao se projetar sobre uma zona erógena. A estimulação externa vai em resposta substituir o desprazer da estimulação de origem central por satisfação.

Freud vai em seguida voltar a essa questão das "pulsões parciais" após um longo desvio pela masturbação infantil, que se conclui com a seguinte asserção: "É evidente que não é necessário sedução para despertar a vida sexual da criança e que esse despertar também pode acontecer espontaneamente sob a influência de causas internas" (1905 *d*, p. 118). Em outras palavras, a sexualidade infantil é de natureza auto-erótica, e a sedução pelo adulto vem embaralhar tudo. Primeiramente, ela pode tornar a criança "perversa polimorfa", o que se explica porque "ela traz em sua predisposição as aptidões requeridas", menção elíptica que pode ser entendida como um remetimento ao que precede, isto é, o polimorfismo das próprias zonas erógenas. Mas, além disso, essa sedução é um acréscimo artificial: "Ela põe", diz Freud, "a criança prematuramente em presença do objeto sexual *do qual a pulsão sexual infantil não manifesta à primeira vista nenhuma necessidade*" (1905 *d*, p. 119).

Entretanto, o que fazer com essas pulsões parciais "relativamente independentes das zonas erógenas" e que são, além disso, "tendências autônomas primeiramente distintas da atividade sexual erógena"? O que são o prazer de olhar/mostrar e... a crueldade? E por que Freud lhes atribui esse estatuto?

Com efeito, a pulsão de ver/mostrar tem uma origem masturbatória e visa apenas secundariamente a visão dos órgãos genitais de um outro ou solicita apenas secundariamente o olhar do outro. Quanto à crueldade, uma zona erógena fonte lhe foi no entanto atribuída, a pele.

O próprio termo "pulsão parcial" vai acabar desviado. Embora pareça dizer respeito a toda espécie de pulsão sexual em razão de seu vínculo com uma zona erógena parcial por definição, ele vai, na seqüência, paradoxalmente ser utilizado para designar entre as pulsões parciais precisamente aquelas que são "relativamente independentes das zonas erógenas"! Se voltarmos atrás na parte do texto dos *Três ensaios* que trata das aberrações sexuais, vemos o primeiro aparecimento do termo "pulsão parcial":

> Entre os agentes da formação de sintomas nas psiconeuroses, as pulsões parciais que aparecem quase sempre sob forma de casais de opostos e das quais já sabemos que elas presidem ao advento de novos objetivos sexuais, a saber: a pulsão do prazer escópico e da exibição e a pulsão de crueldade, em suas formas ato e passiva, têm um papel inteiramente notável (*op. cit.*, p. 81).

Por que "parcial"? Porque as pulsões em questão remetem a perversões, as quais são o positivo das neuroses. Esses casais de opostos são, pois, em si mesmos geradores de desvios sexuais, os quais são parciais em relação à sexualidade genital, a qual seria total. Parcial, anormal, negativo *ou* positivo, essas imagens vão caracterizar, segundo os casos, comportamentos sexuais ou pulsões.

A pulsão "escópica e de crueldade"

Quanto à crueldade e ao prazer de olhar/mostrar, a independência relativa de que desfrutam em relação às zonas erógenas tem por contrapartida o fato de que "outras pessoas (*Andere Personen*) aí figuram desde o início enquanto objetos sexuais" (*op. cit.*, p. 119). Asserção aparentemente paradoxal, já que pede precisamente para eliminar a origem auto-erótica que permite à criança olhar-*se* gozando a um só tempo como *voyeur* e como exibicionista e machucar-*se* como atuando e sofrendo a dor. A hipótese seria, então, que a fase refletida só poderia ser a retomada ativa de uma sensação sofrida em razão de um outro. Assim, caímos de novo na hipótese da sedução! A criança seria "desde o início" olhada e solicitada a olhar, da mesma forma que sofreria contatos exteriores pela mediação da pele.

Estamos então perdidos, pois como a estimulação exterior poderia ser isolada dessa fonte endógena que a chama? Freud no entanto prossegue: "É numa independência ainda maior em relação ao resto da atividade sexual ligada às zonas erógenas que se desenvolve na criança *o componente cruel da pulsão sexual*" (*ibid.*, p. 121). De onde vem esse "componente" que não é mais, portanto, nomeado como pulsão? Da pulsão de domínio. Mas, numa nota de 1915, a crueldade torna-se novamente pulsão e se une com o ver, nomeando-se "pulsão escópica e de crueldade" ("*Schau und Grausamkeitstrieb*"), e intervém precocemente "por anastomose com a pulsão sexual".

O que tirar dessa progressão complexa da proposta de Freud? Primeiramente, que a noção de pulsão parcial recobre duas realidades opostas: por um lado, toda espécie de pulsão, na medida em que remete a uma zona erógena parcial por definição. Por outro lado, duas pulsões muito particulares que não são ligadas a zonas erógenas (ou, então, de maneira bem longínqua), mas que implicam desde a origem a presença de um outro, o que recoloca em trabalho a hipótese da sedução como origem da sexualidade infantil.

Por outro lado, a pulsão escópica, sob sua dupla forma ativa/passiva, está intimamente ligada à crueldade, a qual remete à pulsão de domínio. Agora, só está aqui em questão a forma ativa (fazer sofrer), já que é a ausência da compaixão, na criança pequena, que permite a essa pulsão exercer-se, e não podemos imaginar como a compaixão poderia se exercer em relação a si mesmo.

Entendemos intuitivamente o vínculo entre o ver e o domínio, quer o encaremos sob a forma de uma metáfora do contato em que o objeto está encerrado no olhar como pode estar na mão que se fecha, quer o consideremos, mais sutilmente, a partir do efeito produzido pelo olhar do outro sobre si mesmo. Ser visto é ser possivelmente vigiado, criticado, não ser mais livre. Esteja no túmulo ou em outra parte, o olho sempre ameaça, já que obriga a se olhar, a perder a espontaneidade e a inocência narcísica. Veremos igualmente crueldade nessa observação persecutória? Para isso é preciso ter também em vista que o olhar possa se desviar. Não ser mais visto e não mais existir para o outro, o que leva seu olhar a uma dimensão demiúrgica. Ele pode, como bem entender, fazer existir ou aniquilar.

Assim, poderíamos imaginar a relação do ver com a crueldade em dois tempos. Por um lado, o ver se confunde com o domínio. Permanecer escondido, invisível, o que é a fantasia das crianças, é o meio de assegurar para si a liberdade de agir como bem entender, mas também o meio de controlar os adultos e suas transgressões diversas. Por isso, no jogo infantil mais banal, o de esconde-esconde, ser encontrado é ter perdido, ser submetido ao domínio do ganhador ou ficar "morto", fora do jogo, já que terá perdido todo poder de atração. As fórmulas "já te vi", "peguei", "comi" confundem-se quando o "gato" caça os "camundongos".

Por outro lado, o que decorre do poder mortífero do olhar não se deve apenas ao poder que ele tem sobre o objeto, mas também ao fato de que ele pode aniquilá-lo ao se desviar dele. O objeto só era desejável escondido e descoberto contra a vontade. Disponível, sem mistério, é indiferente ou importuno. É aí que encontramos a crueldade, pois o que faz o valor do que há a ver é que ele se esquiva. Portanto, vai ser preciso não só forçá-lo, mas procurar se ele não esconde no interior algum mistério que seria preciso penetrar.

Minha hipótese é a seguinte: a *crueldade* tem parte com a pulsão de ver, mas diz respeito a uma visão específica, a do interior do corpo. Se a pele tem a ver com esse assunto, é por ser o objeto visado pela crueldade, que deve arrancá-la ou furá-la para revelar o que ela contém e dissimula, ou seja, o cru, o sanguinolento, o sangue do "*cruor*" da crueldade.

POR UMA DEFINIÇÃO METAPSICOLÓGICA DA CRUELDADE

A destruição da alteridade do objeto

Só farei aqui resumir os problemas levantados em psicanálise por uma tentativa de dar uma definição metapsicológica da crueldade segundo o texto freudiano:

> – a crueldade, como o domínio e o ver, está diretamente "ligada" a um objeto, sem fase auto-erótica prévia;
> – ela "*provém*" da pulsão de domínio, mas não se confunde com ela. Trata-se de um *domínio violento*, talvez porque o objeto se recusou;
> – ela é *limitada* ou inibida pela *piedade* ou a compaixão, que implicam um reconhecimento e, portanto, uma *identificação com o objeto doente*;
> – ela constitui uma maneira de *defletir* para o *exterior* a *pulsão de morte*, que é primitivamente interna;
> – ela *ataca o exterior*, o estranho que é odiável porque *perturba a onipotência* narcísica dos inícios da vida.

Esses diferentes caracteres resumidos e simplificados, colhidos ao longo da leitura do texto freudiano, mostram-nos a crueldade como sendo de imediato por inteira voltada não para um objeto próprio a satisfazer a pulsão em seu objetivo específico, mas *para a alteridade de toda espécie de objeto*. Toda a dificuldade dessa noção consiste precisamente em seu caráter arcaico, que nos obriga a pensar o objetivo pulsional de uma maneira não especificada.

Embora Freud indique, na pulsão de crueldade como na de ver, uma presença original do outro, parece que, ao contrário, o outro lá se encontra desobjetalizado, negado em sua identidade. No voyeurismo, ele é ignorado, e são apenas seus órgãos sexuais ou suas características sexuais que são o objeto da pulsão. De fato encontramos nisso o caráter *parcial*, mas é no objeto e não na pulsão que ele se situa. Na crueldade, o objeto é da mesma forma ignorado como pessoa, o que explica a ausência de compaixão. Seus contornos e sua individualidade aparecem como um *obstáculo* para descobrir o que está no interior e ele para isso deve ser desventrado, destruído, reduzido a disforme.

A compaixão, ao surgir, revela o objeto em sua identidade e torna impossível a crueldade original.

Poderíamos tentar uma definição apofática da crueldade ao dizermos que ela não é nem o domínio, nem a agressividade, nem a pulsão de destruição, nem a pulsão de morte, nem o ódio, nem o sadismo.

De fato, a moção cruel provém, segundo Freud, da pulsão de domínio, mas nem por isso pode a ela ser identificada. O domínio sobre o objeto implica, com efeito, sua apassivação, mas não sua paixão no sentido de um sofrimento vivido.

Paul Denis (1997) identifica bem essa dificuldade, já que propõe fazer iniciar o sadismo com a subida da excitação do domínio quando ela não consegue descarregar-se por causa da recusa do objeto. Só então é que o domínio, tornado "loucura de domínio", se faz violento e sádico, encontrando no sofrimento do objeto sua satisfação e a prova de ter chegado a seus fins. Mas não está mais aqui em questão a crueldade.

Devemos considerar que a crueldade se confunde com o sadismo, que dela seria apenas uma forma mais elaborada?

Annette Fréjaville (1993) observa que é possível ser cruel, isto é, fazer sofrer o objeto, sem querer e até sem saber. Daí a definição que ela propõe da crueldade: "Tão logo o objeto privilegiado de investimento mostra ser um objeto total, unificando os objetos parciais de satisfação, a ignorância de sua alteridade e a indiferença em relação ao que ele sente adquirem por parte do sujeito valor de crueldade" (p. 34). Essa perspectiva repousa sobre a distância que separa narcisismo primário anobjetal do início e narcisismo secundário, no qual ignorância e indiferença assumem o valor de uma denegação. Inocuidade e inocência não caminham juntas para o olhar psicanalítico, mas, quando a capacidade de ter consciência de prejudicar está adquirida para o sujeito, o lugar está pronto para a crueldade.

Assim, teríamos a possibilidade de distinguir três termos: a crueldade originária, precedendo o reconhecimento da alteridade do "semelhante a si", a crueldade secundária, oriunda da indiferença, até mesmo da denegação do outro, e, enfim, o sadismo, que, bem longe da indiferença, põe no reconhecimento da alteridade doente a condição de seu gozo.

A crueldade mesmo assim continua tendo interesses comuns com a agressão, até mesmo com a destruição do objeto. Ao definir, após 1920, a agressividade como uma maneira de defletir para o exterior a pulsão de morte interna, Freud dá uma solução, "elegante" porque simples, da origem desse componente pulsional. Essa explicação estava em germe desde "Pulsões e destinos das pulsões" (1915) na identidade entre o exterior e o odiado. Assim podem instaurar-se num mesmo fôlego: o reconhecimento do exterior, estranho e odiável por perturbar a onipotência dos primórdios da vida, e a crueldade, isto é, a ação destruidora exercida sobre o outro.

Mas não estamos basculando, então, insensivelmente, para um outro termo que não é nem a crueldade, original ou secundária, nem o sadismo, mas... o ódio?

Retomando com cuidado o fio da elaboração freudiana, Michèle Porte (2002) sublinha o caráter individuante que, ao atacar o objeto, reforça o sujeito em sua unidade. De acordo com a perspectiva freudiana da anterioridade do ódio para com o amor como primeira relação objetal negativa em razão mesmo de ter de considerar a existência de um objeto, a autora fala de um "ódio da individuação" que implica a um só tempo o ódio sentido *por causa* da tomada de consciência da separação e o ódio próprio ao movimento de individuação que, ao rejeitar o objeto como estranho, reforça as bordas do Eu [*Je*] como unidade separada.

Sem desenvolver toda a argumentação que seria necessária em relação a essa perspectiva interessante, sublinharei alguns pontos:

> – a frustração engendrada pela falta do objeto, caso se prolongue, provoca não o ódio, mas a *raiva*, angústia primitiva intensa em que o ataque é simultaneamente sofrido e atuado, tal como podemos encontrar as conseqüências no desmantelamento autístico;
> – o *ódio*, no sentido kleiniano da inveja, não se endereça tanto ao Outro quanto ao outro do Outro, esse rival potencial permanente escondido pelo objeto desejado e amado;
> – a *agressividade*, por sua vez, é pensável em termos de predação, ou em relação ao objeto da autoconservação que é consumível, ou em relação ao objeto sexual que é raptado, violado mais que seduzido. É nisso que Freud fala do caráter masculino do componente cruel. Mas o objeto aqui não é odiado, ele é desejado e a agressividade se reduz a um reforço da ação para vencer uma resistência.

A desidentificação com o objeto

A crueldade percorre essas diversas noções, justificando que se fale dela como de um "componente" (*Komponente* diz Freud). Ela decorre da *desidentificação com o objeto* que a diferencia do sadomasoquismo, o qual implica um jogo identificador entre carrasco e vítima.

Essa desidentificação é uma volta à ausência de identificação inicial, a crueldade própria às crianças pequenas pelo fato de não sentirem compaixão, por ainda não poderem compreender que o outro possa ser semelhante a elas.

Assim, parece-me necessário, para perceber as diferenças entre agressividade, ódio, rejeição e crueldade, reservar espaços sucessivos que possam constituir lugares de fixação ou de regressão possíveis para esses diferentes termos. A definição freudiana inicial de *uma crueldade que não procede de nenhum ódio do objeto, mas de uma intenção predadora que ignora a alteridade do objeto* vai nos guiar no estudo dessa noção a partir de alguns textos literários. Contrariamente às elaborações freudianas ulteriores que a apagam no interior de dialéticas objetais mais complexas, a crueldade pode e deve ser definida, em sua essência original, não como uma intenção de fazer sofrer, mas como *o efeito produzido pelo encontro entre uma intenção puramente narcísica que conduz à predação do objeto e o vivido do objeto que se encontra por acaso, ou em virtude de determinações exteriores à sua vontade, no caminho do predador*.

A intencionalidade da crueldade é relativa ao domínio, mas trata-se, além disso, de um domínio particular, que se refere ao *interior* do objeto. Não vejo nisso um ódio ou uma vontade de destruir, no prolongamento das hipóteses kleinianas sobre as fantasias relativas ao interior do corpo da mãe, mas a necessidade de abrir, de dilacerar esse lugar fechado e misterioso. Nesse sentido, a crueldade surge *intencional*, mas não *relacional*, por ignorar o objeto enquanto tal. É a confusão entre essas duas dimensões que conduz a identificá-la à agressividade e ao sadismo e, portanto, a perder sua essência específica.

HIPÓTESES SOBRE UMA CRUELDADE ESPECIFICAMENTE FEMININA

Falar do "feminino" sempre implica precisar de que lugar nos situamos. Trata-se do olhar masculino sobre a outra metade da humanidade? Trata-se do olhar de uma mulher sobre ela mesma ou suas congêneres? Trata-se da parte feminina presente em todo indivíduo em razão de sua bissexualidade psíquica originária?

Se levarmos em conta a complexidade dos fenômenos identificadores a esse respeito, que vão pôr em jogo diversas imagens de feminilidade em função da idade e do papel familiar (mãe, irmã, etc), terei que pedir desculpas por me limitar a hipóteses parciais conforme a linha, precedentemente enunciada, do mistério da sedução feminina.

A crueldade da mulher narcísica

A citação freudiana lembrada no título de meu discurso aproxima a mulher narcísica da fera e do grande criminoso num mesmo poder de sedução. O encanto dessas três categorias de personagens vem da aparente auto-suficiência de que desfrutam. Eles atraem porque ignoram e, provocantes, nos remetem a nossa derrelição de estar em busca de objeto. Mais precisamente, eles fascinam por serem inacessíveis, inclusive à agressividade que poderiam gerar no objetivo de fazê-los cair dessa invulnerabilidade insolente. Eles são o objeto por excelência, aquele que atesta sua qualidade de ser estranho, fora de alcance, confrontando a criança pequena que não cessamos de ser com uma raiva impotente. Raiva que só é tal por nos lembrar a queda de nossa onipotência narcísica infantil, que agora invejamos no exterior de nós. Essa relação de alienação com o outro narcísico, indutor de paixão por isso, funciona numa troca especular, sucessiva no tempo, em que o apaixonado pôde ser anteriormente o objeto narcísico desesperante de um outro. O fato de aí se tratar de uma figura especificamente feminina é pelo menos duvidoso, embora os estereótipos o atestem com facilidade e os romancistas a descrevam sem cessar.

O dispositivo cultural que faz[4] do homem aquele que demanda em matéria de sexualidade coloca a mulher num lugar onde ela pode efetivamente aceitar ou recusar ouvir sua demanda. Ela pode vê-lo ou... ignorá-lo. A crueldade está "no programa", poderíamos dizer, uma vez que ela pode frustrar o outro da resposta que ele espera e exibir assim sua própria indiferença. "Cruel!" é o grito do apaixonado à espera de satisfação, o romance cortês o declina sob formas sublimadas, a ópera o clama como um *leitmotiv*. O fato de a mulher assim designada gozar da armadilha que ela constitui para o desejo do outro, até mesmo preparar as iscas se ele perder o ardor, ou de ela percorrer inocentemente o campo de ruínas que ela nem desejou, nem provocou, diz ela, dá no mesmo, pois a crueldade lhe é atribuída do exterior ao mesmo título que à fera ou ao grande criminoso, os quais supomos serem guiados por obscuros motivos, próprios a permanecerem misteriosos ao comum dos mortais.

Se a mulher narcísica constitui um tal perigo, é porque ela desafia a ordem masculina, que não quer ver nela senão a oblatividade de uma esposa e de uma mãe. À *Vamp* se opõe a Mãe voltada para o filho, reconstituindo de resto um conjunto narcísico, o único que essa mulher supostamente fria poderia, segundo Freud, reconhecer por objeto. Se a mulher é cruel graças ou por causa de seu narcisismo, consideraremos que ela escapa ao mesmo tempo à definição precedente da crueldade como domínio sobre o outro?

---

[4] Ou antes, "que fazia", estando os hábitos a esse respeito em rápida evolução.

O domínio feminino

Tudo está aí para dizer que, segundo a lógica passional bem conhecida, quanto menos ela dá, mais ela amarra. Françoise Héritier-Augé (1998), numa das obras que dedicou à oposição masculino/feminino, evoca um desenho humorístico inglês que representa uma soberba criatura loura, desnuda, cercada de numerosos servidores pigmeus atentos, que escuta pacientemente as questões de um antropólogo inglês magro e curvado: "Mas, enfim, se você não tem poder carismático, não tem poder econômico, não tem poder político, não tem poder médico, nenhuma capacidade particular para a caça, a divinação, a colheita, como você explica a influência que você exerce sem pressão sobre essa gente?" (*op. cit.*, p. 292).

O mistério feminino, velho "topos" que Freud contribuiu para ancorar na crença, está ligado a outra coisa que à capacidade da dama de aceitar fundir-se nesse estereótipo mudo que nada mais encarna senão a nostalgia da onipotência infantil do homem? O silêncio assume, então, um aspecto estranho e excitante, enquanto o sorriso mais banal torna-se carnívoro...

Nem todas as mulheres, longe disso, atendem a essa imagem gelada e, para ter nisso alguma aptidão, é preciso, como para o resto, ter começado bem cedo. Podemos levantar a hipótese de que foi *a eleição edipiana do pai* para a filha, esse duplo feminino que ele engendrou e graças a quem ele espera inconscientemente recuperar sua bissexualidade perdida, que vai permitir à menina pequena esse estatuto de objeto de desejo inacessível. Outros fatores deverão dar conta do fato de que ela possa aí ficar imobilizada, mas ela sairá, então, dos limites da "crueldade narcísica" para entrar no registro da manipulação perversa.

Na verdade, essa crueldade está ligada ao *domínio narcísico*, fórmula paradoxal que resume a essência do vínculo passional em que o apaixonado é condenado a amar aquela que, de imediato, o mantém dependente, ao lhe dar em contrapartida o justo amor suficiente para manter sua demanda e sua esperança.

Lou Andréas-Salomé (1913) nota a esse respeito "essa monstruosa singularidade, essa coisa assustadora que caracteriza misteriosamente a crueldade: ela se dirige apenas ao amado e aumenta com o amor" (*op. cit.*, p. 375). Se considerarmos que o indutor de paixão é um antigo apaixonado curado de seu sofrimento pela transmissão a um outro do que ele sofreu, podemos com efeito considerar que o objeto assim torturado é amado porque seu carrasco se identifica com ele de maneira masoquista. Nesse caso, a indiferença cruel aparece como uma alegação, mas então a crueldade se aparenta bem mais com o sadismo que com o que tentamos extrair até aqui.

Essa figuração da crueldade no feminino, limitada à indiferença narcísica, reflete apenas um dos aspectos que a liga às feras e aos grandes criminosos. O outro aspecto, o da destrutividade, falta, pois não se pode limitá-la ao efeito destruidor induzido pelo egocentrismo (Freud, 1928 *b*)[5] do sujeito sobre o outro que o investe. É para as mitologias que se deve apelar para nos permitir extrair uma essência do feminino que transcenda os estereótipos da mulher cruel e misteriosa vista por um olhar masculino.

Os antropólogos nos ensinam como os mitos tentam dar conta dos fatos enigmáticos da vida e da morte, da relação sexual e dos poderes relativos aos líquidos dos corpos. Entre estes, o sangue feminino, o da defloração que instaura o tabu da virgindade, mas também e sobretudo o sangue menstrual e o do parto são particularmente inquietantes, uma vez que o vazamento do sangue não

[5] S. Freud, "Dostoïevsky e o parricídio" (1928 *b*), "Dois traços são essenciais no criminoso: um egocentrismo ilimitado e uma forte tendência destruidora".

aparece como a continuação de uma ferida[6] e não implica a morte, até mesmo se confunde com a vida no caso do nascimento.

O sangue dá medo e, quando Freud o assimila ao excremento no inconsciente, ele o domestica, ao mesmo título que nas teorias sexuais infantis, atendo-se ao postulado falocêntrico, ele recusa admitir saber o saber precoce sobre a vagina e suas sensações, conhecimento ainda mais inquietante porque ele não costuma ter representação nem palavra para ser dito (S. de Mijolla-Mellor, 2002).

Quando o mito nos ensina que as primeiras regras da mulher são interpretadas como a criança natimorta do pai (P. Bidou, 2001; F. Héritier-Augé, 1996), podemos, à luz da clínica, nos interrogar sobre a persistência arcaica dessa fantasia que faria do sangue menstrual das regras em geral *o indício da morte de um feto no útero*. No entanto, ver escorrer o sangue das regras é, para uma mulher, como o termo "regra" indica, vivido como o desenrolar normal de um ciclo. Entretanto, toda mulher à espera de uma criança, que ela a deseje ou a tema, viverá esse acontecimento como o indício de que *a criança é eliminada* e, se for o caso, sonhará que é o sangue desta que escorre.

Se há uma relação especificamente feminina com a crueldade, não é pela frieza narcísica, que é apenas o envelope que é preciso abordar, mas pela relação banalizada com o sangue, com o *cruor* de que deriva o cruel. Por aí poderiam juntar-se no feminino a referência ao sangue que corre numa aparente indiferença e o desejo de ir ver no corpo da mãe o que lá se trama em matéria de vida e de morte, até mesmo a suspeita de um assassinato.

Os hábitos culturais vêem com mais facilidade na efusão de sangue do ato criminoso um fato masculino, ao passo que a mulher conservaria a vida e velaria por ela. É esquecer um pouco rápi-

[6] O que é o caso, em compensação, no nível fantasmático, para o sangue da ruptura do hímen.

do a fantasia que acompanha a representação de uma mãe onipotente que estaria perpetuamente grávida. *A mãe primordial é canibal, e o sangue que dela escorre não é o seu, mas o dos filhos que ela contém.*

Só vamos encontrar sob uma forma bem edulcorada essas fantasias na literatura que vou agora evocar. Outros textos, mais violentos, poderiam ter sido convocados; os que escolhi são suficientemente trabalhados pelo recalque para tornar inteiramente aceitável e sedutora a crueldade no sentido da indiferença pelo sangue que escorre e da pulsão de saber confundida com a de dilacerar.

A ESCRITA DA CRUELDADE ENTRE AS MULHERES

Vou me limitar a três exemplos – Agatha Christie, Patricia Cornwell e Ruth Rendell –, organizando-os em torno de um mesmo eixo, o da pulsão de saber em sua dimensão dilacerante, atestada igualmente por Descartes em busca da ordem das razões. Sem desenvolver os vínculos que a ligam ao ver, partiremos novamente do curto artigo de 1913 "A disposição para a neurose obsessiva", no qual Freud define a pulsão de saber como "um rebento sublimado da pulsão de domínio". Vou autorizar-me pelos vínculos entre o domínio e a crueldade, já evocados, para encarar *a pulsão de pesquisa como um rebento sublimado da crueldade*. Essa idéia não é nova. Encontramo-la tanto em Lautréamont em sua ode às "matemáticas cruéis", quanto em Musil[7], ou em Artaud, quando ele observa: "O determinismo filosófico mais corrente é uma das imagens da crueldade, pois, do ponto de vista da mente, crueldade

---

[7] Cf. S. de Mijolla-Mellor, *Le plaisir de pensée* (p. 145 sq.), relativo à fantasia musiliana do ato de pensamento como uma vivissecção.

significa rigor, aplicação e decisão *implacável*, determinação irreversível, absoluta"[8].

Seria um erro limitar essa perspectiva à preocupação obsessiva da medida desafetivada ou do menos, talvez esta seja apenas a superfície de um movimento mais profundo em que a sublimação ainda está próxima de suas origens pulsionais e em que derivação e canalização devem sempre ser retomadas.

Tentarei mostrar como o crime de sangue e a investigação criminal nos trazem a esse ponto de contato entre crueldade e pulsão de saber. Comecemos por Agatha Christie.

Agatha Christie ou a banalidade do assassinato

A atmosfera própria ao que se chamou o "universo christiano" (S. de Mijolla-Mellor, 1995) deve sua magia à delicada dosagem entre a cotidianidade tranqüila e a angústia de morte através da descoberta do assassinato e de seu risco de recidiva. Angústia sutil que não tira sua eficácia de dar medo. Aliás, os próprios heróis christianos raramente têm medo, só os comparsas, com freqüência sacrificados como as vítimas seguintes, experimentam esse sentimento no momento em que pressentem a verdade. Não há muito horror: estrangulamentos, envenenamentos, cadáveres furados por múltiplas facadas são evocados sobriamente, à maneira de um relatório de polícia. Com efeito, não é o instante do trespasse que supostamente deve reter o interesse do leitor, pois este último está sempre ou quase sempre colocado em posição de descobrir um assassinato efetivado. O próprio cadáver não presta para muita elaboração, torna-se um objeto de estudo como *vestígio* que permite uma sondagem, uma *investigação*.

[8] Antonin Artaud, *Le théâtre et son double*, p. 158.

Ele tem, no entanto, um valor particular, como testemunho da quebra incompreensível e escandalosa que acaba de se operar nesse mundo de vivos bem refinados. O cadáver é primeiramente um problema, o terror que ele deveria suscitar, já que se trata de uma morte violenta de origem incomum, é imediatamente apagado atrás do domínio de um questionamento: quem o fez? A angústia de morte se desloca, por conseguinte, para a angústia de não saber. É preciso saber para jugular o risco, mas saber, e sobretudo fazer saber que se sabe, também é correr um perigo máximo.

O que relata ao infinito o romance christiano é o arrebatamento diante do desabamento do que era indubitável, a fissura no solo da evidência[9], a mancha de sangue sobre a toalha bordada recoberta da prataria georgiana carregada de chá e pãezinhos... Esse momento traumático que, sob uma forma ou outra, é próprio a toda infância, nos é dado a reviver com o acompanhamento tutelar de uma inteligência que vai saber reconstruir o mundo de antes, graças à fineza de sua observação ou à firmeza de sua lógica.

O universo christiano constitui um objeto privilegiado para estudar a pulsão de investigação e, mais particularmente, a maneira como ela alimenta a eflorescente produção das fantasias que vai acompanhar a vida psíquica como uma penugem protetora, como o a-sensato e a descoberta inaceitável de que, se nossas questões ficam sem resposta, é por só serem pertinentes ao olhar de nossas proporções reduzidas e não em relação ao infinito a que pretendem fazer justiça.

O roteiro christiano é mais ou menos idêntico de um romance a outro e se formula assim: "Descobre-se um cadáver". A descoberta implica um quadro fixo, como o próprio morto, do qual nenhum elemento deverá ser deslocado, já que, com muita fre-

[9] Desenvolvi essa questão da evidência no capítulo I de *O prazer de pensamento*.

qüência, é de sua própria geometria que brotará a solução do enigma. Tudo é, pois, colocado como um problema de matemática do qual no início só se possuiriam dados insuficientes para resolvê-lo.

Mas, por trás do caráter lúdico de um quebra-cabeças a ser reconstituído, a ameaça pesa sobre a presença silenciosa de um assassino que revela, por trás do mundo das aparências calmas e polidas, a existência de um universo desconhecido e perigoso. Mais precisamente ainda, esses dois mundos fazem apenas um como o avesso e o direito de um mesmo objeto. Como propus a hipótese em "Assassinato familiar" (Mijolla-Mellor, 1995), todo o roteiro christiano é construído sobre uma mesma fantasia indefinidamente elaborada, formulável como uma fantasia originária, no caso a de uma cena primária interpretada como um assassinato, e suscetível de ser aproximada em sua forma de "Espanca-se uma criança" (Freud, 1919).

Partindo da trama romanesca ("Mata-*se*, o assassino, momentaneamente anônimo, mata muitas pessoas), similar ao anonimato daquele que espanca a criança, é fácil considerar que o Eu [*Je*] se esconde atrás de uma tal multiplicidade de vítimas. A segunda fase é, pois, aquela em que o sujeito é o único verdadeiramente ameaçado, o que justifica que se interesse tão vivamente pela ação.

A terceira fase, mas na verdade a fase original da fantasia recalcada, é a da cena primária sádica em que a relação sexual é interpretada como um assassinato da mãe pelo pai, ou, eventualmente, o inverso.

Assim, a fórmula se declina como:

– Meu pai mata minha mãe
– Meu pai me mata
– Mata-se muitas pessoas

O cadáver como o assassino ficam invisíveis após o crime, mas uma estranha e ameaçadora atmosfera conserva o rastro indubitável para quem sabe ver para além das aparências ordinárias.

A inversão é possível a todo instante, descobrível em indícios extremamente tênues, e é à inteligência que vai ser confiada a missão de trançar esses indícios numa lógica que reconstitua e domine o traumatismo.

No início de sua *Autobiografia*, Agatha Christie nota: "Fazer parte de algo que não entendemos nem um pouco é, penso, um dos problemas mais intrigantes da vida" (*op. cit.*, p. 12). Poder falar disso em termos de "problema" já é uma maneira de dominar o transbordamento de angústia suscitado pela revelação de um desconhecido ameaçador, constitutivo do que considerávamos familiar e garantido. Mas, sobretudo, esse problema é extraordinariamente erotizado. Quando as velhas senhoras entediadas ouvem falar de um assassinato na aldeia, a libido delas desperta e a excitação cresce até o desfecho final, no qual tudo pode ser compreendido. O próprio assassino herda todos os traços impiedosos da criança narcísica onipotente e torna-se por isso banal, pois é bem essa origem comum da crueldade que Agatha Christie desenvolve com arte, de um romance a outro, para leitores nunca cansados.

Patricia Cornwell ou a dilaceração legalizada

Em Patricia Cornwell, a atmosfera é muito mais moral. Segundo um modelo americano doravante estabelecido, o enigma se apresenta sob o nome do Mal. A heroína, jovem mulher, médica-legista de profissão, vai atacar não só com os recursos de sua inteligência e os de sua sobrinha, uma superdotada da informática, mas sobretudo com seu conjunto de bisturis. Com efeito, essa jovem mulher vive uma verdadeira paixão, no sentido corrente do hiperinvestimento de uma atividade, limitando a sua vida, mais ou menos, às investigações *post-mortem* a que se entrega sobre os cadáveres que constituem igualmente traços de uma estranha união entre ela e o matador sádico, a tal ponto que ela acaba descobrindo que ele poderia bem lhe dar esses cadáveres como um gato traz um camundongo para seu dono ou uma criança, seus desenhos para a mãe!

O caráter escandaloso tem a ver com o reconhecimento do gozo experimentado pelo assassino, a partir dos rastros que ele vai deixando no corpo das vítimas[10]. O estupro é apenas um dos aspectos da violência imposta e as mutilações, suas formas, suas significações simbólicas, os detalhes do roteiro de tortura e, enfim, a maneira como o assassino dispôs do cadáver, até mesmo a postura na qual ele o abandonou, vão ser interpretadas como sinais de um prazer do assassino, redobrado daquele que o investigador supõe que ele tenha ao imaginar a impotência e a raiva à qual ele próprio se acha reduzido, confrontado como testemunha que tem de se identificar para compreender. Imaginamos que ele tenha de recusar o distúrbio a que essa identificação poderia conduzi-lo, se não tomasse o cuidado de se afirmar dele dissociado a todo instante.

A necrofilia constitui aqui um vínculo íntimo e misterioso entre as duas vertentes antagonistas, mas reversíveis, do Bem e do Mal, e o percurso criminoso é refeito no sentido inverso pelo médico-legista, ao reiterar a violência feita no corpo da vítima. Esta será minuciosamente descrita, romance após romance, com uma complacência e um luxo de detalhes que se autoriza de sua visada

[10] Poderíamos arriscar uma aproximação com a atividade dos "pichadores". A um grau menor, é claro, o prazer de deixar a marca alia-se ao de destruir, sujar, deteriorar. O rastro é ele mesmo enigmático, destinado a cativar e a dar medo naqueles que o sofrem na impotência.

legal para abrir à crueldade o interesse do leitor[11]. Cada romance acrescenta uma circunstância particular à trama única indefinidamente descrita. Num caso, vai se tratar de uma necropsia reiterada num corpo que foi nesse ínterim enterrado, a exumação introduzindo uma dimensão de estupro suplementar; num outro[12], a proximidade do assassinato atingirá o máximo, já que o médico-legista espera que o condenado à morte (um matador em série, é claro) seja executado para praticar a necropsia. O cadáver chega a ele ainda quente, diretamente da cadeira elétrica para a mesa de necropsia, enquanto a heroína afirma para si mesma e para o leitor o quanto ela detesta esperar que um homem morra para enfiar o bisturi numa carne tão quente quanto a dela (*sic*). Em outra parte, é a caixa de bisturis nova dada de presente de Natal por um membro de sua família que será roubada do médico-legista pelo assassino, para fins que ninguém ignora.

Se os romances de Patricia Cornwell encontram esse interesse no leitor que os elevou ao nível de *best-sellers*, é porque eles lhe oferecem, com a melhor das intenções, uma abertura para a paixão pelo crime, isto é, a fascinação que ele opera em todo sujeito. Bem longe de procurar desfazer um enigma, o leitor é convidado a nele penetrar sempre mais adiante, e a acumulação de detalhes só faz tornar mais espesso esse mistério que Nietzsche exprimia nestes termos a respeito daquele que ele nomeia o "pálido criminoso": "Ele tinha sede da felicidade da faca"[13]. O filósofo dá uma inter-

---

[11] "Qualquer anatomopatologista honesto reconhecerá que os artefatos deixados por uma necropsia são horríveis. Nada é mais impressionante que a incisão em 'Y' deixada durante uma análise *post-mortem*, já que seu nome indica claramente sua natureza. O bisturi parte de cada clavícula para encontrar o esterno. Dali, ele desce ao longo do torso até o púbis, após ter contornado o umbigo. Além disso, a incisão praticada de uma orelha à outra na parte de trás do crânio antes de poder serrar a caixa craniana tampouco é bonita de ver" (P. Cornwell, *The Body Farm*).

[12] *Cruel and Unusual.*

[13] *Assim falava Zarathoustra*, p. 50.

pretação implícita dessa felicidade ao descrever o criminoso como "um nó de serpentes selvagens entrelaçadas que raramente estão em paz umas com as outras" (*ibid.*). A faca cortaria esse nó górdio por não conseguir resolvê-lo, poria um termo momentâneo no conflito e daria uma identidade ao homem que mata. É o que Nietzsche nomeia em outra parte a loucura *após* o ato, paixão no sentido de uma alienação que leva o sujeito a se reduzir à dimensão de seu ato, a com ele se identificar, deixando-se fascinar como a galinha se deixa hipnotizar pelo traço de giz.

Para o médico-legista, por outro lado, a luta é infinita e o mistério se aprofunda à medida dos romances cuja imaginação se esgota produzindo imagens que necessariamente perdem o sabor uma vez passado o efeito de surpresa. Nenhuma necropsia revelará o mistério do Mal, e a crueldade vem aqui alcançar insidiosamente a pulsão de saber.

É interessante constatar que o texto autobiográfico de Dominique Lecomte (2003), diretora do Instituto Médico-Legal de Paris, traz sob uma forma não romanesca uma espantosa confirmação do personagem criado por Patricia Cornwell do outro lado do Atlântico. A autora nota desde o início a relação que ela mesma estabelece entre sua atividade de médica-legista e sua pulsão de saber, cuja emergência na infância ela relata: "A morte surpreende a todo momento, ela é o destino de todo ser, vão me dizer! Quando me perguntam por que e como ela aconteceu, sinto-me então levada até a busca das causas, com a necessidade imperiosa de compreender. Eis o que me faz avançar pelos caminhos desse ofício" (p. 14). Ela descreve sua primeira necropsia em termos que evocam a fascinação de Leonardo da Vinci pelas maravilhas contidas no corpo humano, cuja dissecação era então punida como crime: "Eu não entendia direito, mas sentia que estava acontecendo algo decisivo: eu estava no cerne do corpo humano. Quando o rapaz abriu a caixa craniana com a serra de mão, não tive tempo de ter medo, eu estava petrificada" (p. 25).

No caso do médico-legista, a pulsão de saber não diz respeito somente ao funcionamento do corpo humano, mas também ao enigma colocado por sua morte, que pode ser o ponto de partida de uma investigação policial caso não seja "natural". Por isso, vai ser preciso olhar atentamente. O termo "*Morgue*" [Necrotério], como observa a autora, remete ao olhar escrutador dos carcereiros sobre os prisioneiros a serem identificados como eventuais recidivistas, ao passo que, na mesma prisão do Châtelet, em Paris, ficavam os parentes das vítimas que vinham identificá-las. Assim, delinqüentes e cadáveres estavam sujeitos, com visadas diversas, a um mesmo olhar identificador, não desprovido de nojo, já que "*morguer*" significa em francês antigo olhar com desprezo! (*op. cit.*, p. 215).

A curiosidade pelo interior do corpo é legalizada pela obrigação de certeza dada à perícia médico-legal, por isso a crueldade que a acompanha pode ser desculpada como um mecanismo de defesa. A autora conta assim como vísceras humanas guardadas em vidros vão momentaneamente parar na geladeira familiar, ou como ela impressionou um colega ao lhe exibir o coração de uma atriz que ele admirava particularmente, ou ainda a maneira como a lembrança de mexilhões caídos da cabeça de um afogado lhe volta à mente durante um jantar feliz de frutos do mar...

Entretanto, para Dominique Lecomte, sua função não só é compatível com a sua feminilidade, mas é até natural, já que são as mulheres que põem as crianças no mundo e que acompanham os funerais. Essa responsabilidade assumida tanto pelos novos vivos quanto pelos mortos parece a ela estar ligada ao todo-poder da mãe sobre o filho que ela acaba de parir, coisa minúscula, mas possivelmente ameaçadora, exigente, cuja invasão, em certas situações de desamparo pessoal, ela pode temer. A mãe que dá a vida é também aquela que pode recusá-la, seja legalmente pelo aborto*, seja ilegalmente pelo infanticídio.

Mas arrogar-se o direito de matar, sejamos homem ou mulher, nem sempre implica a fantasia megalômana de ter-se por um instante desligado de uma comunidade de identidade com a vítima?

Ruth Rendell ou a indiferença do horror

Meu último exemplo se refere a um romance de Ruth Rendell, *A analfabeta*, cuja trama vou lembrar em algumas palavras: esse romance, publicado em 1977 sob o título muito mais sugestivo de *A Judgment in Stone*, foi levado às telas numa adaptação intitulada *A cerimônia*. A intriga é resumida já na primeira página: "Foi por não saber ler nem escrever que Eunice Parchman matou os Coverdale". O leitor está, pois, avisado do desfecho de um desenrolar que lhe é apresentado com uma lógica implacável. A incompreensão recíproca dos protagonistas é constante e, ao longo do romance, ela nos é descrita como um fato da vida cotidiana em que cada um parece incapaz de entrar em relação com o outro sem ser de maneira convencional. Universos íntimos justapostos, bons e menos bons sentimentos e personagens evoluem sem tropeços ou quase, toda aproximação engendrando uma posição de recuo. A situação só se tornará explosiva quando a proximidade tiver ficado insuportável.

Eunice Parchman, arrumadeira da casa dos Coverdale, família burguesa de idéias que diríamos "de esquerda", consegue, com

* O aborto na França é legal. (NT)

efeito, esconder a sua tara, o analfabetismo, aos olhos do mundo até o momento em que Melinda, a filha do casal, animada pela generosidade que encontra em sua contestação de adolescente e o tempo todo invadindo sem saber o território de Eunice, vai descobrir a incrível ignorância desta e sobretudo interrogá-la a esse respeito.

O interesse do romance de Ruth Rendell é mostrar não só o caráter "apático" no sentido da ausência de emoção que caracteriza aquela que vai se tornar assassina, mas sobretudo afirmar o encadeamento inelutável dos fatos, que só podiam conduzir ao desfecho trágico. Tudo é constantemente reconstruído *a posteriori*: o que teria acontecido se Eunice não tivesse encontrado sua amiga Joan Smith, que acredita ser o braço dos exércitos de Deus? Será que Eunice poderia ter deixado a família Coverdale sem ser por esse quádruplo assassinato? Será que seu analfabetismo poderia ter ficado secreto, ou será que ela poderia ter continuado a crer que o escondia? Todas essas questões que escandem o romance têm por função pôr o leitor diante da evidência da incomensurabilidade da causa e dos efeitos. Nenhum acaso, com efeito, mas uma adição de causas que simultaneamente explicam *e* tornam incompreensíveis os efeitos porque estes, para serem compreendidos, exigiriam uma causa que fosse suficiente. Se o assassinato é o resultado do ódio destruidor, ou se o sofrimento da vítima responde ao prazer sádico do carrasco, causa e efeito parecem proporcionais. Ao inverso, na situação descrita pelo autor, a causalidade se desfia na banalidade cotidiana, e é nisso que o verdadeiro afeto da obra acaba sendo *a crueldade*, no sentido de uma força que transcende as histórias individuais. Eunice poderia ter aprendido a ler, mas desde pequena ela recusa qualquer interesse a esse respeito e o converte numa paixão obsessiva pela ordem. Paixão insuficiente quando a falta de saber, o fracasso da sublimação pulsional se desvelam, precipitando o ato assassino em toda a sua crueldade.

Ruth Rendell, nesse conto como em outros, leva ao paroxismo a fria descrição do horror, a indiferença na ausência de sentido. No entanto, também podemos considerar que esses grandes criminosos a que essas escritoras se referem desvelam, ao inverso, a função de busca de sentido que o ato criminoso constitui. Ver o outro até dilacerá-lo para garantir para si o domínio visa este último apenas como um *analogon*. O que é o verdadeiro objeto do desejo cruel é o próprio atuante da crueldade, já que é por essência estranho a seu próprio domínio, engendrado por outros e submetido a uma morte tão inevitável quanto imprevisível.

Quando Antonin Artaud (1964) reivindica um "teatro da crueldade", ele o opõe a um teatro psicológico decadente que ele faz remontar até Racine e deplora que a ação imediata e violenta tenha se refugiado em gêneros menores como o cinema, os musicais ou o circo. Ação e crueldade para ele são sinônimos, desencadeamento que se opõe ao pensamento como a sensação à linguagem e ao simbólico em geral. Essa ação extrema é correlativa de uma desproporção entre o que o sujeito vive e o que ele é capaz de gerir, conduzindo assim a uma destruição em que toda sensação desaparece. Assim se manifesta em nós a idéia de um conflito perpétuo, um espasmo que se eleva contra o nosso estado de seres constituídos. Mas estaríamos errados em crer que isso implica sangue derramado, uma carne mártir... Para Artaud, o mais importante é o sentimento do inelutável, a imposição, necessariamente violenta para o indivíduo, de uma força que o ultrapassa, e é bem essa crueldade, como evoquei anteriormente, que é posta em cena por Ruth Rendell com o personagem de Eunice Parchman.

Ação extrema inelutável, a crueldade aqui se confunde com o próprio movimento da vida, uma vez que ela implica para seu desenvolvimento as mortes individuais e indiferentes. O Eros de Artaud, cruel já que queima as contingências, é semelhante ao Tânatos de Freud ao menos em suas conseqüências para o indivíduo, que ali se apaga no sem-sentido. Essa crueldade anêmica, retorno à matéria não viva das origens, como tentar figurá-la se não for por essas figuras arcaicas que nos precipitaram no mundo?

Vou seguir aqui a hipótese segundo a qual a pulsão cruel só encontra o feminino na medida em que todo sujeito, homem ou mulher, identifica a Natureza com uma mãe todo-poderosa, indiferente, num mesmo gesto dispensadora de vida e de morte. O gesto cruel do criminoso de "sangue-frio" não busca se apoderar de um poder como esse, mas em escala muito mais modesta, ainda que o assassinato aconteça então "em série" e, portanto, ilimitado em seu voto.

A crueldade de sangue-frio

Autocriação da identidade criminosa

A paixão de agir poupa ao sujeito os tormentos da dúvida e os da culpa. Não ser nada além do que se faz, ou pelo menos afirmar-se tal, implica hipostasiar o agir em si mesmo ao ponto de auto-representar-se como puro instrumento a serviço de uma força que nos ultrapassa. Muitas modalidades podem diferenciar-se a esse respeito, indo do ato sob influência alucinatória, delirante ou outra, à auto-hipnose da passagem ao ato ("Me aconteceu de repente", "é mais forte que eu"), ou ao ato colocado como necessário, até mesmo inevitável em razão das circunstâncias que agem, então, no lugar do sujeito.

O que é perdido na dimensão do projeto e na antecipação é recuperado cem vezes mais no *a posteriori*. Diante dos olhos ofuscados daquele que se olha agir, pouco a pouco se constitui o personagem que ele se torna, ato após ato, este acarretando um outro. A identidade se cria por ricochete, se desvela e se recolhe sem ter de ser objeto de um questionamento, até mesmo de uma busca[14].

Mas como então é possível que o ato em questão consista em destruir? Aqui, não são mais as circunstâncias ou a forma do ato que contam, como era o caso para o prazer que a ele se liga, mas seu alcance metafísico, no caso a vivência de um domínio absoluto, já que ele se refere à vida e à morte. Ou antes, as circunstâncias do ato, o roteiro organizado pelo assassino quando for o caso têm, pelo próprio fato de que são portadores de gozo, um valor identificador para o sujeito que aí encontra uma prova pela evidência vivida de sua existência e de seus contornos enquanto pessoa.

Toda a noção psicológica de construção do perfil do criminoso, como mostra Robert Ressler[15], autentifica esse processo, já que o ato e, em particular, os rastros deixados no corpo da vítima, o *modus operandi*, constituem uma espécie de assinatura do assassino que permite esboçar os contornos de sua personalidade, como faria uma análise grafológica. Mas, se o livro de Robert Ressler oferece um interessante estudo a esse respeito, ele abre, sem se dar conta disso, perspectivas bem mais ricas ainda sobre essa autoconstrução do Eu [*Moi*] do assassino através de seus crimes, notadamente quando ele assinala o interesse dos criminosos em série pela publicidade de seus atos como um fato freqüente, até mesmo típico. O que pode ir da contemplação do incêndio pelo piromaníaco que o acendeu, desde a multidão à qual ele se mistura para melhor ouvir os comentários, à constituição de verdadeiros

---

[14] Da mesma forma, o assassinato ao acaso do encontro no Triodos é o que vai conferir a Édipo, que ignora sua verdadeira identidade, a reinscrição em sua linhagem. O fato de ele dever, nesse ínterim, resolver o enigma e provocar assim a morte da Esfinge ao se autonomear Homem de manhã até de noite confirma que é bem desse enigma da identidade que o assassinato é portador.

[15] *Who ever fight Monsters.*

dossiês de imprensa relativos a seus assassinatos por certos matadores em série. Ocorre, então, uma estranha ida e volta entre o ato e a fantasia em que, sucessivamente, o assassino afirma a retomada da fantasia pelo ato e a insuficiência do ato em igualar a fantasia, tornando necessários aperfeiçoamentos sempre mais ousados e, em todos os casos, a reiteração do ato. Este último não só é organizado, mas premeditado, até mesmo inscrito como uma necessidade que se deduz da inadequação de todo ato em relação à fantasia.

Vale dizer que o ato estaria definido aquém de si mesmo? Na medida em que suas determinações inconscientes escapam ao atuante, podemos considerar, ao contrário, que ele acontece como um *auto-engendramento* dos atos uns em relação aos outros, de que o sujeito espera que eles o definam à medida da megalomania que é a sua.

O valor relacional que ele denega à vítima, como veremos mais adiante, o assassino o encontra em seus próprios atos, conforme uma modalidade narcísica em que ele pode afirmar não ser nada além do que faz, desligado notadamente de toda história e de todo vínculo com genitores, origem absoluta que se reconstitui dando a morte.

Diante dessa aparente liberdade, a alienação passional, em contrapartida, fica na coação ao agir. As conseqüências dessa adição são semelhantes àquelas de situações de mesma forma, isto é, o crescimento de excitação em que se encontra comprometido o sujeito leva-o à sua própria destruição. Isso pode ser encontrado também, em menor grau, na adição perversa, e um pedófilo, por exemplo, poderá angustiar-se quando "isso for longe demais" e quando o roteiro, como uma máquina louca, escapar a seu autor.

Um tal limite interno não parece presente no matador em série. Mesmo assim, ele também é forçado a assumir riscos sempre crescentes, por exemplo voltando ao local do crime a fim de reviver a cena *in situ*, conservando troféus que serão igualmente provas de sua culpa, quando não são os corpos das próprias vítimas que são assim colecionados[16].

O isolamento no mundo interno, ao abrigo dos riscos da relação e antes de tudo do risco da falta do objeto, vê-se paradoxalmente arrasado quando a identidade do matador é assim constituída. A imprensa, ao relatar seus atos, fabrica um personagem público do qual ele vai ficar dependente e o outro reencontrará seu lugar como testemunha a autenticar uma identidade à qual ele ficará doravante atribuído. Podemos imaginar que o prazer de se saber monstruoso, de dar medo, de reivindicar seus atos torne-se, nesses homens, a desforra de uma infância em que o estatuto de sujeito, até mesmo de ser humano em certos casos, lhes foi denegado. Mas é aí que eles vão acabar presos. A paixão pelo crime torna-se alienação quando a única identidade possível para seu autor é a dessa "loucura após o ato" de que fala Nietzsche. O vínculo relacional está restabelecido em toda a sua coação sob a forma da exibição da monstruosidade junto à vítima primeiramente e junto ao público em seguida, incluindo, é claro, as instâncias jurídicas, policiais e psicológicas ou psiquiátricas[17].

O que buscam os assassinos em série, se considerarmos que a identidade criminosa só lhes vem *a posteriori*, como um efeito segundo em relação a uma busca primária que apareceria como fundamental?

---

[16] Coação que o levará a ser preso e será às vezes transformada em triunfo, levando-o a confissões que ultrapassam aquilo de que ele era inicialmente acusado.

[17] A facilidade com a qual Ressler pôde obter os relatos dos grandes *serial-killers* que ele entrevistou explica-se pela necessidade de identidade que passa por uma escuta e pelo dossiê estabelecido sobre os crimes. Um deles lhe pedira, ao final de uma entrevista, o favor de conseguir para ele as fotos tiradas pela polícia no local do crime "*porque ainda havia certos detalhes que ele queria analisar*".

Daniel Zagury escreve, com bastante pertinência, que esse tipo de criminoso "*mata para não morrer*"[18], como se o ato assassino tivesse em si uma função revitalizante para seu autor. Poder sentir-se superior porque permanecendo em vida faz parte do triunfo culpado de todo luto, à exceção do luto sofrido pelos pais na pessoa do filho por causa do investimento narcísico então destruído. Mas, no caso, numa lógica em que o ódio obriga um a morrer para que o outro possa viver, é preciso efetivamente matar para sentir-se vivo. Entretanto, para tornar possível essa operação, é preciso que a vítima não seja objeto de nenhum afeto por parte do assassino, que ela não tenha existência individualizada, de modo a poder endossar por um tempo a do destinatário de um ódio que deverá permanecer não dito, precisamente para apagar a origem humana demais do ato.

O crime apático sadeano

A alienação passional vai então ser lida em negativo através não só da desumanização à qual será submetida a vítima, mas também da posição megalomaníaca do assassino. O sadismo, no caso, não deve ser entendido no sentido em que o definiu Freud, mas tal como o exprimiu ao longo das páginas o Marquês de Sade, como o crime de "sangue-frio". O *leitmotiv* é o seguinte: nossos prazeres não devem tomar origem numa sensibilidade sobre a qual não teríamos domínio, temos de submeter nossas paixões a sistemas que permitam identificá-las em nós mesmos, fazermos princípios de nossos erros, em suma, chegarmos a essa perfeição que os estóicos nomeiam apatia. "Nunca se deve, ensina Clairwill, se entregar ao

[18] Cf. "Entre psychose et perversion narcissique...", p. 109.

crime a não ser de sangue-frio. É na chama do crime que se deve acender a chama das paixões"[19].

A ilusão fundamental que jaz no cerne da busca apática do herói sadeano é a do ato pretensamente gratuito, que não é oriundo de nenhum interesse, de nenhuma vingança, e se exerce sobre uma vítima desconhecida, totalmente inocente, e isto sem motivo algum. O que é possível para Sade, cujos crimes são pensados e escritos, mas não cometidos. Mas o encontro entre o matador e sua vítima, se parece deixado ao acaso, atende no entanto a critérios em que se denota uma escolha, ainda que se trate de um detalhe com uma função metonímica. Para Sade, a inocência, ligada à juventude, também é um traço característico e significativo das vítimas. Da mesma forma, a pletora das vítimas terá por função assegurar sua desidentificação enquanto sujeito, nenhuma tendo outro valor que o de uma unidade num conjunto que constitui o corpo vitimal potencialmente infinito.

Esse método procede a uma catarse da individuação que está no próprio cerne do empreendimento totalitário em política[20], mas que aparece de modo similar na ascese estóica quando Marco Aurélio, por exemplo, aconselha, para conseguir não se deixar emocionar por um canto arrebatador, decompô-lo em suas notas e perguntar-se se cada uma é realmente irresistível. Esse desmembramento não é diferente, embora pareça, daquele que anima a pulsão destruidora quando ela se volta contra o corpo do outro ao introduzir a descontinuidade que lhe retira não só a vida, mas a forma.

Em todos os casos, o que é visado é a relação com o outro, o poder que poderia daí emanar e, portanto, a capacidade de

---

[19] Sade, *Juliette*, p. 341. Cf. S. de Mijolla-Mellor, *Le plaisir de pensée*, pp. 278-305.

[20] Cf. a esse respeito a análise que disso dá H. Arendt em *O sistema totalitário*.

fazer sofrer, unicamente decidindo ficar livre e, portanto, possivelmente indisponível.

Mas a alienação passional que aqui está contra-investida ressurge no nível da coação imposta pelo processo. Este, com efeito, não tem significação em si mesmo e, se o sujeito conseguiu persuadir-se de que a vítima lhe é indiferente, mesmo assim é preciso que o ato encontre um sentido. É aí que a explicação paranóica pode prestar sua ajuda sob todas as formas e matar para não morrer torna-se uma outra maneira de desviar a violência que inicialmente estava destinada ao próprio assassino.

Em Sade, o crime está fundado na retaliação do mal que a Natureza exerce sobre o libertino. "Fico feliz com o mal que faço aos outros, como Deus fica feliz com o que ele me faz", afirma Saint-Fond[21], e Almani lhe faz eco nestes termos:

> Suas redes mortíferas (trata-se da Mãe-Natureza) são estendidas sobre nós apenas, tentemos aí envolver ela mesma... Ao me oferecer apenas os seus efeitos, ela me escondia todas as suas causas. Restringi-me, pois, à imitação dos primeiros, não podendo adivinhar o motivo que colocava o punhal em suas mãos, eu soube lhe roubar a arma e dela me servi como ela (*ibid*).

A desidentificação apática se resolve na identificação com um perseguidor definitivamente inacessível. Podemos considerar que Sade exprime a absoluta coação à reiteração criminosa de certos assassinos em série quando ele escreve que "nunca se cometerão crimes o bastante na terra em vista da sede ardente que a natureza por isso experimenta" (*ibid*).

---

[21] In *La nouvelle Justine*, *op. cit.*, t. III.

O crime de sangue-frio, a indiferença alegada do matador em relação à sua vítima, embora esta última corresponda a certos requisitos que a tornam apta a figurar como tal, mostram a especificidade do vínculo de ódio que, para além da destruição do outro, deve negar a sua existência e, portanto, o prazer que essa destruição pode lhe causar. A paixão pelo crime assumiria, assim, o aspecto paradoxal da paixão por não se deixar alienar numa relação seja ela qual for, até a de um domínio pela morte infligida ao outro.

Como toda paixão que procede de uma relação assimétrica tal que aquele que a induz só pode gozar e nunca sofrer de uma relação da qual ele pode a qualquer momento se desprender, nem que seja pela morte do outro, a paixão pelo crime que habita o assassino em série só é da mesma forma fascinante para o público em razão do narcisismo que ele erradamente empresta a este. Por trás da aparência, desvela-se, ao inverso, a extrema alienação, tanto que a identidade fica suspensa à recriação permanente do ato destruidor cumprido em nome de um outro destinado a permanecer desconhecido.

CONCLUSÃO

O componente cruel não é uma pulsão por inteiro, mas, como uma cor que impregna um sujeito e o impõe à vista, ela fascina o olhar. Esse componente é o resto não sublimável de um movimento irreprimível que leva a dilacerar para penetrar no que está no interior do enigmático envelope corporal. Sua sublimação se fará notadamente na necessidade de saber, de abrir o mistério que está no interior da vida. No assassino em série, esse vínculo entre dilacerar e saber exprime-se no ato e não no pensamento e é acompanhado pelo mesmo vivido de retomada indefinida. A moção cruel caracteriza-se por sua independência preservada do recalque que lhe dá seu aspecto de frieza narcísica. Seu vínculo com o feminino passa pela familiaridade com o sangue e por uma imagem arcaica da Mãe primordial que produz e mata seus filhos com a mesma indiferença.

DOMINIQUE CUPA

A crueldade do Supereu feminino

> O supereu, a consciência moral em ação nele, pode tornar-se duro, cruel, impiedoso para com o eu [*moi*] do qual ele tem a guarda.
>
> Freud, "Le problème économique du masochisme" (1924), Paris, PUF, 1992, p. 19.

A idéia de prosseguir meu trabalho sobre a crueldade me veio ao pensar em uma sessão durante a qual uma de minhas pacientes, Clarisse, confiou-me que há duas semanas ela vinha coçando a cabeça de noite, "arrancando o couro cabeludo até sangrar". Acrescentou ter começado a agir assim durante uma sessão em que me dissera que seu herpes "nojento" desaparecera. Ela me dava assim a ver uma mistura de sexo e sangue, mostrando de maneira crua sua castração com um aspecto nojento impregnado de analidade e a necessidade de estragar seu corpo. Eu achava, então, que ela se comportava de modo cruel consigo mesma, não só em razão da dolorosa e profunda irritação que ela se infligia, mas também porque no mesmo tempo punha em perigo sua história amorosa. Com efeito, enquanto o namorado desejava morar com ela para ficar mais próximo, ela agia de modo a que isso não desse certo entre eles. Assim, ele ficava à distância, o que a fazia sofrer ainda mais, já que não suportava bem a solidão.

No nível transferencial, o que me parecia antes de tudo notável era sua quase impossibilidade de ser agressiva comigo. Nessa época, eu lhe havia cobrado sessões que ela faltara por causa das greves de trem e eu ia sair de férias. Ela não suportava bem as minhas exigências e minha futura ausência, mas falava pouco disso e sem demonstrar afetação. De um ponto de vista teórico, eu me questionava sobre as formalizações que propus quanto à pulsão de crueldade, perguntando-me se em Clarisse não se manifestava um dos destinos dessa pulsão que eu havia trabalhado pouco: o retorno sobre si da crueldade, ou, antes, uma forma mais "passiva" da crueldade, em outros termos "uma autocrueldade". Colocava-se a questão da vetorização das pulsões, com sua dimensão semafórica e semântica na qual René Roussillon insistiu ("Décomposition 'clinique' du sadisme", p. 1173).

A pulsão de crueldade pertence, na minha abordagem, à destrutividade originária. É um movimento destruidor sem visada destruidora, movimento de atribuição que descarrega na direção do não-eu o que não é suportável, não ligável, para alcançar a calma que conferem os primeiros continentes-conteúdos do objeto em acordo com as necessidades primitivas da criança. O objetivo primitivo das pulsões de crueldade é a autoconservação, no sentido da organização da integridade narcísica primária. Mas o que acontece para que a psique, em vez de expulsar as cargas desorganizadoras, suporte ou ligue uma certa quantidade de energia? A resposta freudiana se situa do lado do masoquismo e da coexcitação sexual em relação ao sadismo expulsivo. O que acontece com a crueldade que diferencio[1] ? Após tatear um pouco, entendi que devia explorar a questão do Supereu. O Supereu de Clarisse era portador de uma grande crueldade, embora me parecesse paradoxalmente insuficiente.

[1] Se Freud reconhece, em "O problema econômico do masoquismo", que o masoquismo primário e o sadismo primário são idênticos, cada um a serviço da intricação das pulsões de vida e de morte, ele no entanto os distingue por seu aspecto passivo e ativo.

Partindo daí, pareceu-me que eu podia prosseguir minha reflexão sobre a pulsão de crueldade de acordo com dois eixos. Primeiramente, aprofundei a organização histórico-estrutural do Supereu cruel, colocando-a em vínculo com a pulsão de crueldade. Freud repetidas vezes considerou que a instância superegóica era cruel, mas nunca a ligou a seu trabalho sobre a crueldade em os *Três ensaios* (1905). Em segundo lugar, interroguei-me sobre a crueldade do Supereu feminino e, por aí mesmo, sobre a crueldade feminina, tendo Freud com freqüência afirmado (1925, pp. 131 e 200-201, 1933, p. 173) que o Supereu na mulher tem "força menor".

A PULSÃO DE CRUELDADE

Alguns elementos propostos numa precedente reflexão sobre a crueldade[2] constituíram um ponto de apoio para formular esta nova pesquisa.

A crueldade segundo Freud

Lembremos que a raiz indo-européia *kreu* exprime as noções de "carne crua, sangrenta", "sangue derramado". Em latim, *cruor* significa o "sangue derramado", *crudus*: "sangrento", *crudelis*: "que se apraz no sangue, que é cruel".

A crueldade é uma noção que Freud trabalhou pouco. No primeiro *Ensaio* sobre as aberrações sexuais, a crueldade aparece na

[2] D. Cupa, "La pulsion de cruauté", pp. 1073-1089.

parte dedicada ao sadismo e ao masoquismo. Freud lá liga crueldade e sadismo, que são equivalentes; a crueldade sendo considerada um componente da pulsão sexual, sua ligação com a libido transforma o amor em ódio, ao passo que as "moções ternas" transformam-se em "movimentos hostis". Freud distingue no funcionamento agressivo um movimento em que o desejo se impõe pela força e pelo jogo com os limites que são buscados neles mesmos. Depois, afirma que "a pulsão de crueldade em suas formas passivas e ativas" faz parte das pulsões parciais. Na segunda parte dos *Três ensaios*, ele considera finalmente que a pulsão de crueldade é "independente da atividade sexual das zonas erógenas", mas que permanece ligada à pulsão sexual. Assim, fica claro que a pulsão de crueldade não é mais sexual e, por isso, não pode mais ser considerada sádica. O que se confirma nas seguintes constatações: se, conforme Freud, a crueldade domina todo o período sádico anal, ele precisa que nesse estádio a criança *não é parada pela dor, pois o sentimento de "compaixão" só aparece mais tarde, assim como a "barreira da piedade"*. A crueldade infantil não tem por objetivo a dor de outrem, pois "ela não a leva em conta", ela não é sádica.

Minha reflexão também se apóia no duplo avanço freudiano seguinte. Primeiramente, quando Freud considera que a crueldade é sexualizada, *a pele, que é* "a zona erógena por excelência", *funciona como uma zona erógena para esta*. Em compensação, quando a crueldade aparece como não sexual, então Freud a liga ao domínio. Na segunda parte dos *Três ensaios*, estudando o ato de chupar no bebê, "que consiste numa repetição rítmica com a boca do contato de sucção", Freud indica que essa busca de contato pode ser feita com qualquer outra parte da pele. É uma "pulsão de agarramento" que pode se manifestar pelo puxamento do lobo da orelha, ou quando o bebê se apossa, num mesmo objetivo, de uma parte do corpo de outra pessoa. Freud insiste na dimensão sexual dessa atividade.

Pude mostrar[3] o quanto Didier Anzieu interessou-se pela pulsão não sexual de apego da criança à mãe tal como John Bowlby a teorizou. Ele chamou a atenção para a pele e a busca do contato que desempenham um papel tão central quanto a sucção, a repleção e os objetos internalizados. D. Anzieu sublinha que Freud designa explicitamente o Eu [*Moi*] como um envelope psíquico e ele conceitua o "*Eu-pele*" como estrutura somatopsíquica constituinte do sujeito por interiorização do Eu-pele materno. Foi a partir daí que ele começou um trabalho de formalização sobre a pulsão de apego (1974, 1985)[4].

Se considero que há uma atividade sexual durante o ato de chupar, na busca de contato de si mesmo (a própria pele) e do outro (sua pele), penso que a pulsão de agarramento, que podemos chamar pulsão de apego ou de ternura (o que remete à corrente terna freudiana), contém uma busca de *vínculo* que é específica. A pulsão terna constitui *uma aliança* entre as partes boas internas do bebê e as partes boas do objeto. Essa aliança permite a constituição de uma interioridade e de uma exterioridade *suficientemente segura, reconfortante, sustentante* e o estabelecimento dos primeiros envelopes psíquicos por internalização do Eu-pele. A pulsão terna é uma pulsão autoconservadora que torna possível a instalação do pedestal identitário. Ela constitui a versão libidinal da pulsão de crueldade. A pulsão de crueldade ficaria mal, então, nesse primeiro vínculo, busca dos limites como Freud indica, até mesmo arrombamento, dilaceramento do Eu-pele e de seus conteúdos psíquicos ligados à percepção de um suporte, de uma continência insuficiente e medida de separação.

---

3 Ver a esse respeito D. Cupa, "La pulsion d'attachement chez D. Anzieu et la relation de tendresse".

4 Paul Denis (1997) também trabalhou sobre essa noção. Ele interpreta a pulsão de agarramento como uma manifestação do domínio que ele considera um componente da pulsão, meio pelo qual o sujeito obtém a satisfação.

Em segundo lugar, Freud supõe, portanto, que a crueldade está associada ao domínio. Este visa a apropriação do objeto pela musculatura e pela mão, verdadeiro "aparelho". A crueldade que a compõe é de imediato dirigida para o objeto exterior. Em sua conceituação do domínio, Paul Denis (1997) considera fundamental a independência entre a pulsão de crueldade e a pulsão sexual e acha que o domínio tem "um caráter intermediário entre o sexual e o não sexual" (p. 33). O domínio é, ao mesmo título que a satisfação, um componente pulsional. Assim, o objeto está duplamente investido, em domínio e em satisfação, e pode portanto decompor-se em objeto de domínio e de satisfação.

Tenho tendência a pensar que o domínio completa a pulsão de ternura na medida em que esta se escora na atividade muscular e mais particularmente na da mão, como acaba de ser dito. Partindo do trabalho de Esther Bick sobre a "segunda pele" como pele muscular (1968, 1980), podemos pensar que o investimento dessa segunda pele é fornecido pelo domínio, ao passo que o Eu-pele primário é investido pela pulsão terna. O domínio se situa no registro anal, tomada, desprendimento, apropriação, controle. Pulsão de apego e de domínio são ambas dois viáticos autoconservadores e tropismos rumo ao objeto.

Por outro lado, desde 1915, Freud insiste na importância do interdito para conter a crueldade. Há no homem uma aptidão para a vida civilizada que requer a transformação libidinal das pulsões cruéis pelas pressões exercidas sobre elas pelo aparelho social com seus interditos. Entretanto, em período de guerra, o homem reencontra ainda mais esses comportamentos primitivos, uma vez que a comunidade é permissiva e não opõe interdito. Assim, em *Considerações atuais sobre a guerra e sobre a morte* (1915), Freud reconhece que a aptidão do homem para a vida civilizada é amplamente superestimada. "Resta sempre um núcleo ativo das moções pulsionais cruéis, nossos 'maus' pendores tendem à satisfação de necessidades primitivas e não desaparecem, não são nunca desenraizados, embora reprovados pela sociedade. Achamos que a natureza deles é transformada quando eles transformaram o egoísmo em altruísmo, a crueldade em piedade. É desconhecer a ambivalência afetiva".

A crueldade segundo D. W. Winnicott

Winnicott acha que a agressividade ligada à libido é originária e pertence à carga pulsional do Id. Em "O desenvolvimento afetivo primário" (1945) e "A agressividade e suas relações com o desenvolvimento afetivo" (1950-1955), ele liga essa agressividade primária à motricidade que aparece já na vida uterina, manifestando-se pelos pontapés que o bebê dá no ventre da mãe e mais tarde pelo mordicação do mamilo, etc, a ancoragem corporal sendo central em D. W. Winnicott. A agressividade do bebê não é reativa, mas assim se torna por medida de proteção quando há, ou por excesso, ou por falta, usurpação de seu meio. A usurpação constitui para D. W. Winnicott os traumatismos primitivos que conduzem às angústias sem nome.

É o estádio da pré-inquietude (*pre-concern*) que se caracteriza pela crueldade. Esse período tem para Winnicott "uma importância vital"; os processos iniciantes, "a integração", "a personalização" e "a realização" se instalam. Esses processos só podem se desenrolar corretamente sobre o fundo de cuidados maternos "suficientemente bons", e Winnicott os põe em paralelo com as diferentes grandes características de cuidados que ele estabeleceu (Winnicott, 1962, p. 14). O bebê na via da "integração", da "personalização", da "realização" está longe de ter estabelecido "uma relação de pessoa total com uma mãe total" e de interessar-se pelos efeitos que podem ter seus próprios pensamentos e ações sobre ela. Ele tem um objetivo, pouco importam os resultados. Ele não se dá conta de que o que ele destrói em estado de excitação é justamente o que ele ama durante os momentos tranqüilos. Assim, Winnicott postula uma relação objetal de crueldade precoce durante a qual o bebê ataca imaginariamente o corpo de sua mãe. Por um lado, o bebê tem fantasias predadoras em relação à mãe, a seu seio; por outro, a mãe tem fantasias relativas ao fato "de ser atacada por um bebê faminto" (p. 42). Nesse estádio, o bebê é "impiedoso", o que não é mais possível no estádio seguinte, exceto nos estados de dissociação. Esse bebê sem piedade nos remete às asserções freudianas identificadas anteriormente: a crueldade se opõe à piedade. O bebê é, pois, cruel porque não está, não pode estar "interessado" pelo efeito de seus pensamentos e de suas ações sobre sua mãe como objeto parcial, ele não manifesta inquietude pela mãe nessa época. No estádio da crueldade, por ainda não poder se identificar com o objeto, o bebê não mostra nenhuma empatia a seu respeito, nem "solicitude", nem culpa. Assim, como observado por Freud, a criança, nesse período, não tem compaixão, ela é, como o homem em guerra, remetido a seus comportamentos primitivos. A crueldade pertence a um registro aquém da culpa, o mal é não conhecido. É no jogo que se manifesta essencialmente, segundo Winnicott, a crueldade da criança. "A criança normal" – escreve ele – "tem prazer numa relação cruel com sua mãe porque só dela se pode esperar tolerar sua própria relação cruel no jogo, pois isso lhe faz realmente mal e a esgota. Sem o jogo, ela só pode esconder esse *self* cruel e dar-lhe vida em estados de dissociação" (1945, p. 45).

Em seu texto "A utilização do objeto e o modo de relação com o objeto através das identificações" (1971), Winnicott insiste na diferença a ser feita entre a relação com o objeto e a utilização do objeto. A relação se refere a um objeto que pode ser subjetivo, ao passo que a utilização exige que se leve em conta a realidade exterior. Winnicott propõe a seguinte seqüência: o sujeito *se liga* com o objeto, este está sendo encontrado em vez de estar colocado no mundo pelo sujeito, ele é destruído pelo sujeito, ele sobrevive à destruição, o sujeito pode, então, utilizar o objeto. Para Winnicott, a destrutividade e a sobrevivência do objeto colocam este fora das projeções, fora do controle onipotente, e permitem ao sujeito entrar no mundo da realidade partilhada. Em outros termos, o objeto deve sobreviver às pulsões cruéis. Se a mãe não sobreviver aos ataques cruéis, a agressividade de seu bebê se tornará real. Assim, para Winnicott, a agressividade e a crueldade como primeiro elo da agressividade pertencem ao processo de maturação e de integração do bebê.

Hipóteses sobre a pulsão de crueldade

Após essa lembrança das posições de Freud e Winnicott, afirmo que a pulsão de crueldade pertence, como formulado na introdução, à destrutividade originária, que ela é anobjetal. *Trata-se de um dinamismo primitivo sem amor, nem ódio, mas hostil, que não manifesta nenhuma piedade. A pulsão de crueldade não tem objetivo sádico, ela é ataque, arrombamento dos primeiros continentes e conteúdos maternos por medida de autoconservação.* Podemos igualmente dizer que na origem funciona uma homeostasia diádica (Terry Berry Brazelton, *Neonatal Behavioral Assessment Scale*, 1984) diferente da homeostasia própria de um sujeito autônomo. Como pensa Freud, há uma tendência natural das pulsões de destruição para descarregar a excitação interna, por medida homeostática (estamos aqui num nível quase biológico), por medida autoconservadora. Quando o objeto conduz a um afluxo de excitações internas que deve ser ligado, pois ameaça fazer estourar o sujeito, a ligação é encontrada na vertedura para o exterior, pela drenagem da pulsão de crueldade que indica o caminho do objeto. Essa descarga é levada em conta pela função pára-excitante do objeto, o meio no sentido winnicottiano, a função alfa em Wilfred Bion, o Eu-pele da mãe para Didier Anzieu, etc. *O sujeito projeta seus estados de desamparo, suas dores psíquicas não só no continente materno e seus conteúdos, mas contra os próprios limites, a própria continência no momento mesmo em que seus limites, sua continência estão se constituindo.* O processo de descarga mesmo assim coexiste com o processo de apego: um rejeita, ataca o não-Eu, o outro o atrai. Ele constitui o primeiro movimento de atração/repulsa. É identificável na realidade, nas interações do bebê pelos movimentos de atenção/retraimento, por exemplo, que se observam essencialmente nas interações visuais (Brazelton, 1984). Tomo esse exemplo porque para mim é evidente que a motricidade não é o único vetor corporal portador de agressividade. A atenção do bebê atrai um dos pais, seu retraimento o rejeita, o ataca. Para disso se convencer basta observar o mal-estar de uma mãe cujo bebê evita o contato olho a olho, o que, aliás, nos remete à pulsão-escópica-de crueldade identificada por Freud.

Considero que a crueldade em sua versão objetal pode aliar-se ao domínio e sexualizar-se para tornar-se crueldade sádica ou crueldade masoquista[5]. Ela é busca do gozo com os limites, os diferentes envelopes do Eu-pele, atacando-os, rasgando-os, arrombando-os. Em os *Três ensaios*, Freud lembra, aliás, que "a estimulação da epiderme das nádegas é conhecida de todos os educadores, desde as *Confissões* de Jean-Jacques Rousseau, como uma das raízes erógenas da pulsão de crueldade" (p. 122).

A pulsão de crueldade é uma destrutividade a serviço da constituição do Eu [*Moi*], forma originária da pulsão de morte, pura vertedura que considero paradoxalmente autoconservadora. Ela é

[5] Roger Dorey (1988) desenvolve esse aspecto da crueldade em "Essa ponta extrema de gozo...", pp. 99-117.

uma modalidade organizadora e integradora dos continentes somatopsíquicos. *A fantasia cruel do ataque, do arrombamento dos continentes maternos, do Eu-pele permite ao sujeito apropriar-se, tomar do objeto um envelope suficientemente bem organizado pelo ambiente suficientemente bem de acordo, "desintoxicado", segundo Bion, etc. Ela pode abrir para a fantasia de deixar-se pegar, de fazer-se arrombar pelo outro, deixando-lhe a disposição de seus diferentes envelopes para lhe dar prazer e obter em contrapartida prazer. Ela permite o jogo de "*peaussessão*" e de "despeaussessão"**.

A CRUELDADE DO SUPEREU

O Supereu é uma instância psíquica de grande complexidade que Freud vai deixar iniciada "no canteiro de obras" (Jean-Luc Donnet, 1995). Sua conceituação está essencialmente ligada às mudanças permitidas pela introdução da pulsão de morte em "Para além do princípio de prazer" (1920); ela confirma as aporias do Inconsciente como sistema.

O SUPEREU, A CRUEL PULSIONALIDADE DO ID E A SEVERIDADE PARENTAL

Desde "O Ego e o Id" (1923), no qual conceitua o Supereu, Freud se interroga sobre sua "severidade tão dura", seu "aspecto impiedoso" em relação ao Eu [*Moi*] e a culpa que está associada (p. 226). Ele retoma termos idênticos no "Problema econômico do masoquismo", e na "XXXª Nova Conferência" (1932). Evoca seu "impressionante rigor", "a crueldade dessa instância", acrescentan-

* *Peau* [pele] pronuncia-se *pô*. (NT)

do aos sentimentos de culpa "o sentimento de inferioridade". *Mal-estar na cultura* o conduz de novo a se questionar sobre a origem da severidade do Supereu. Toda uma parte do trabalho freudiano sobre o Supereu consiste em tentar compreender sua predileção pela crueldade. A melancolia e seus efeitos mortíferos, ponta extrema da destrutividade do Supereu, põe em evidência que, "ao se apossar de todo o sadismo", ele se torna "pura cultura da pulsão de morte". O Supereu protege o Eu [*Moi*] ao preço do sacrifício do Eu [*Moi*], é esta uma das paradoxalidades do Supereu, paradoxalidades que marcam tanto a teoria do Supereu quanto os fenômenos que a nutrem.

A primeira explicação proposta por Freud é a natureza cruel do Id, com o qual ele mantém íntimas relações. Com efeito, lembremos que para Freud o Supereu "mergulha no Id" (1933, p. 108), ele mergulha no caos, a caldeira infernal cheia de excitações que é o Id, "aberto em sua extremidade para o somático". Ali o Supereu recolhe em si as necessidades pulsionais que nele encontram a expressão psíquica, mas não podemos dizer em que substrato. "A partir das pulsões, ele se enche de energia, mas não tem organização, não produz vontade, mas apenas a aspiração de proporcionar satisfação às necessidades pulsionais, observando o princípio de prazer..." (1933, p. 102). O Supereu tem de se contentar com a pulsionalidade do Id, bem particularmente com sua violência agressiva, que faz dele uma instância "amoral", sem piedade, nem culpa. André Green pensa que os afetos do Supereu são idênticos aos do Id (André Green, *Le discours vivant*, p. 72). Entretanto, o Supereu também tem um vínculo de parentesco com o Eu [*Moi*], que, sob sua influência, tende a ser moral. O Supereu, que funciona segundo um duplo jogo, pode se tornar então perfeitamente "hipermoral" e coagir com a crueldade do Id (seu aspecto amoral) o Eu [*Moi*]. Freud aliás sustenta que o homem é muito mais imoral do que pensa e muito mais moral do que crê. O Supereu é uma instância que age de maneira paradoxal.

O Supereu torna-se "o herdeiro do complexo de Édipo", no sentido de uma renúncia aos objetos edipianos pela compensação das identificações. O casal parental é então introjetado como objeto das primeira moções libidinais do Id e o Supereu, identificado com a instância interditora parental, vai dirigir e ameaçar o Eu [*Moi*] à maneira como os pais o fizeram precedentemente. Ele pode ter uma dureza inexorável apesar de uma educação suave e benevolente, pois, escreve Freud, "o Supereu parece, numa escolha unilateral, retomar apenas a dureza e a severidade dos pais, a função de interdição e de punição, embora a solicitude cheia de amor não encontre nem acolhimento nem continuação". A crueldade do Supereu não se explica, então, igualmente por esse impossível levar em conta a ternura parental pelo Supereu?

O Supereu e a desintricação pulsional

O processo identificador em jogo na constituição do Supereu faz passar da libido objetal à libido narcísica pelo viés da renúncia aos objetos edipianos. Ele comporta uma dessexualização, até mesmo uma sublimação. Essa importante transformação requer uma desintricação das pulsões: "Em geral, quando o ideal[6] se manifesta pelo imperioso *você deve*, é a essa dissociação que ele deve isso", escreve Freud em 1923. Em "O Ego e o Id", ele precisa: "Por seu trabalho de identificação e de sublimação, ele [o Eu/*Moi*] ajuda os

[6] Ideal do Eu [*Moi*] e Supereu são equivalentes nesse texto de Freud. O Supereu freudiano não está realmente dissociado do Ideal do Eu e do Eu Ideal, e é, pois, com freqüência pensado no registro da idealização. Não abordo esse aspecto da questão. Ver a esse respeito J. Chasseguet-Smirgel, "Essai sur l'idéal du moi, contribution à la maladie d'idéalité".

instintos de morte, que se agitam no Id, a vencer a libido, embora corra o perigo de ver esses instintos se dirigirem contra si mesmo e trazerem sua destruição" (p. 231). Para Freud, o que é central é a transformação pulsional, a dessexualização e a emergência da pulsão de morte.

Duas séries de observações se impõem. Em primeiro lugar, a transposição identificadora requer uma báscula na dessexualização a fim de que os objetivos sexuais infantis sejam postos de lado. Que sentido dar a essa báscula? Não se pode pensar que ela é uma passagem do sexual para *a autoconservação* que, em resposta à desintricação pulsional que permite a edificação do Supereu, se transforma, *por uma parte e por um tempo, em autodestruição.* A dessexualização implica um tempo desintricador em que se desfazem os nós, se rompem os vínculos a fim de reatar alguns mais eficazes, mais maduros, permitindo por aí mesmo a organização do narcisismo. A meu ver, vemos aqui o caráter paradoxal da pulsão de morte e da montagem superegóica que comportam um perigo, riscos em proveito da autoconservação. A pulsão de crueldade rompe as ligações em proveito das ligações identificadoras[7].

Em segundo lugar, os desafios vitais ligados à desintricação da identificação superegóica levam Freud, em "O Ego e o Id", à angústia de morte, pois "a angústia está a serviço da autoconservação e é um sinal de um novo perigo" (1933, p. 116). Só é considerado por Freud, como tendo a ver com a angústia de morte, o estado no qual o Eu [*Moi*] descarrega sua libido narcísica, estado no qual o Eu se sacrifica, renunciando, como nas outras angústias, ao objeto. A angústia de morte só se desenrola entre o Eu e o Supereu, a

[7] A autoproteção prolonga esse movimento na medida em que pulsões cruéis e ternas intricam-se novamente, permitindo ao mesmo tempo a instalação dos auto-erotismos.

angústia de morte melancólica que coloca em evidência um Eu que se sacrifica, pois se sente odiado e não amado pelo Supereu. Viver para o Eu requer o amor do Supereu.

O Supereu e a função limitante do objeto

Na "XXXIIª Nova Conferência", Freud, explicando-se sobre o masoquismo e o sadismo, escreve: "Entrevemos, então, o alcance da possibilidade de a agressão não poder encontrar satisfação no mundo exterior, por se chocar com obstáculos reais. Nesse caso, talvez ela vá recuar, aumentar a quantidade de autodestruição reinante dentro. Aprenderemos que as coisas realmente acontecem assim, e que esse processo é muito importante. Uma agressão impedida parece significar um grave dano; tudo se passa como se devêssemos destruir outras coisas e outros seres para não destruirmos a nós mesmos, para nos preservarmos da tendência à autodestruição. Eis uma triste revelação para o moralista" (p. 142). Diante desse destino trágico, Freud coloca em causa, por um lado, a frustração provocada pelo mundo exterior e, por outro, nosso equipamento pulsional, as pulsões de morte identificáveis em sua tendência à repetição. Mais adiante, nesse mesmo texto, ele afirma que "toda agressão *que retorna*"[8] do mundo exterior está ligada pelo Supereu e que está assim dirigida contra o Eu [*Moi*] *ou*[9] que uma parte dela exerce sua atividade muda e inquietante enquanto livre pulsão de destruição no "Ego e o Id" (p. 147).

A agressão que retorna do mundo exterior refere-se à agressividade dirigida contra os pais. Ela está ligada às fixações

---

[8] Sou eu quem sublinho.

[9] Sou eu quem sublinho.

amorosas da criança e às dificuldades exteriores que esta encontrou, uma vez que não pôde encontrar saída para essa agressividade. Freud acaba sua conferência de maneira bem inquietante: "A instauração do Supereu, que puxa para si as moções agressivas perigosas, de certo modo traz uma guarnição para uma praça que tenderia à rebelião" (p. 149). Parece-me importante notar a insistência com a qual Freud formula a deflexão externa da agressividade que encontra a realidade do objeto como frustrante e de que não diz nada mais. *Esse fluxo externo da agressividade parece-me ser o fluxo cruel chamado pelas limitações do objeto. A projeção primária em seguida conduz resistências do objeto à inversão autocruel, transformável em masoquismo primário, erógeno. É o Supereu que conduz à erogeneização.* As variações provenientes do objeto não são levadas em conta por Freud, a não ser em parte em *Mal-estar na cultura*, no qual ele observa que: "O rigor original do Supereu não é, ou não é tanto, aquele que experimentamos de sua parte, e que lhe atribuíamos em exclusividade, mas nossa própria agressividade voltada contra esse Supereu" (p. 87).

Assim se manifesta um Supereu exterior exógeno, emanando da instância parental, *a crueldade do Supereu sendo aí o sinal, como penso, de um retorno ao Eu da pulsão de crueldade que pertence ao equipamento pulsional originário da criança. As pulsões cruéis da criança dizem respeito à recusa dos limites impostos pelo objeto.* O Supereu parental, materno pelo menos, de um ponto de vista histórico-estrutural, tem por função impor limites, um continente de pulsões agressivas e libidinais. O movimento pulsional infantil é submetido a uma inversão na qual se acrescenta *uma limitação* que, ao limitar a crueldade dirigida ao outro, remete em espelho a uma autodestruição limitada, permitida nos limites propostos pelo objeto[10]. A criança deve aceitar o que sua crueldade a faz recusar.

[10] Entretanto, Freud nota, no fim da XXXIIª Nova Conferência, que o Supereu nem sempre liga a agressão que retorna e que ela fica, então, difusa no Eu [*Moi*].

Também me parece claro que a crueldade jogada sobre a criança, por mais limitada que seja, conserva "o poder rebelde" sempre pronto para agir como em período de guerra. É a ternura parental em jogo no Supereu e na constituição do Supereu que, ao proibir toda expressão de ódio, confronta o movimento amoral com uma hipermoral.

O objeto cruel da coação a se limitar delimita a megalomania do *infans*, dá consistência à realidade e o conduz à identificação como primeira delimitação Eu/não-Eu organiza as pré-formas do Eu e do Supereu. Podemos afirmar que a identificação primária oral canibálica pertence à polaridade autoconservadora / destruidora.

Para D. Anzieu, é preciso considerar previamente aos interditos edipianos um duplo interdito do tato que se apóia nas primeiras interdições significadas à criança. As interdições referem-se a condutas da criança em relação a objetos ou a seu corpo próprio, elas definem perigos externos. Os interditos propriamente ditos referem-se às moções pulsionais e assinalam os perigos internos. Por conseguinte, o interdito do tato é constituído de dois interditos. O interdito primário se refere ao contato por abraço corporal, que diz respeito a uma ampla parte da pele, às diferentes pressões, calores, sensações quinestésicas, etc. É um interdito do contato global, da fusão dos corpos e cujo aspecto agressivo proíbe entrar, invadir o corpo do outro. A interdição é significada notadamente, embora de maneira implícita, pelo afastamento: a mãe retira seu seio, afasta o rosto, coloca o bebê na cama. O interdito primário do tato se opõe especificamente à pulsão de apego e à pulsão de crueldade. A ameaça correspondente é fantasiada sob a forma de um arrancamento que deixa exposta a pele comum mãe/bebê. O segundo interdito do tato diz respeito ao tato com a mão, interdito seletivo, que constrange o tato manual a modalidades operatórias de adaptação, os prazeres proporcionados pelo tato só sendo concebíveis subordinados ao princípio de realidade e às regras morais e sociais. O interdito secundário opõe-se à pulsão de domínio e à pulsão de crueldade. Não é possível tocar tudo, pegar tudo, dominar tudo, apropriar-se agressivamente, forçar os limites do outro. Mas, sem que a distinção fora/dentro seja adquirida e o objeto seja constituído, esses interditos não têm sentido.

A crueldade do Supereu e sua função autoconservadora

Freud considera que a constituição do Supereu se enraíza em "um fato biológico de uma imensa importância e é da mesma forma um fato psicológico cheio de fatalidade: a longa dependência do pequeno ser humano em relação a seus pais e ao complexo de Édipo" ("XXXIª Nova Conferência", p. 93). Os dois estão intimamente ligados. Freud mostra aqui o quanto para ele a questão da autoconservação é tão importante quanto a estruturação edipiana. Com efeito, a neotenia do pequeno humano torna-o sensível à privação da satisfação da necessidade que desencadeia sua violência pulsional. A renúncia à mãe da necessidade, à fusão erótica incestuosa primitiva, tanto quanto ao objeto edipiano, constitui os primeiros estratos do Supereu e os primeiros rastros "do sentimento de inferioridade". O Supereu arcaico, que delimita a atividade pulsional mais ancorada no biológico, profundamente enraizado no Id, constitui a instância portadora da autocrueldade de que podemos sentir a um só tempo o vigor e a fragilidade, já que ela é o primeiro tempo identificador que sucede à primeira desintricação de fato infligida pela experiência de desamparo. A fragilidade se deve a seu pólo somático, que se encontra no oposto do pólo da linguagem. Ele constitui a parte mais amoral do Supereu sem piedade, a mais cruel, pois gestionária da vida, herdeira filogenética e estruturalmente da "*struggle for life*" que organiza seu pólo identitário, pré-narcísico. Seu "poder rebelde" está sempre pronto para se ativar, mas a balança é delicada. Como vimos na melancolia, até onde o Supereu vai proteger o Eu ? Até onde vai coagir o Eu ao sacrifício?

A CRUELDADE À FLOR DA PELE DE CLARISSE

> Um pai exageradamente fraco e indulgente dará oportunidade ao filho de constituir para si um Supereu excessivamente severo, porque um filho assim, sob a impressão do amor de que é objeto, não tem outra saída a não ser voltar sua agressão para o interior.
> Freud, 1929, *Malaise dans la civilisation,* p. 88, citando Franz Alexander, Paris, PUF, 1976.

Um Supereu insuficiente

Clarisse veio me ver após uma separação. Fazia cinco anos que ela vivia com um homem estrangeiro que ela tinha tirado da pequena delinqüência, de quem cuidara, a quem dera carinho, e que encontrara um trabalho graças a ela. Ele fora embora com outra. Ela o deixara sair demais, não era muito ciumenta, mas de qualquer modo as coisas não iam mais bem entre eles. Se, por um lado, Clarisse estava ferida por essa perda, se tinha dificuldade em admitir que fora ele quem a deixara, por outro ela me parecia aliviada. Fiquei impressionada com seu jeito a um só tempo frio, limpo e bem duro, e o calor de seu pranto, de sua tristeza. Havia nela uma espécie de núcleo quente cercado de uma concha fria que refletia em parte suas defesas obsessivas. Ela um dia me disse que era "uma bala mole que endurecera para proteger o interior". Em sua família, não se falava do que não ia bem, usava-se a máscara do tudo-vai-bem, da força. Essa situação que ela de imediato evocou, em que não era possível dizer que não vai bem, a fazia sofrer muito.

De fato, durante ao menos os dois primeiros anos de seu tratamento, ela me apresentou sua família como sem histórias, tendo tendência a banalizar cenas que fracamente não eram banais. A esse "sem histórias" associava-se um "nada de história". Com efeito, Clarisse me falava essencialmente de suas relações atuais, sem dar detalhes, mostrava-me o que fazia, evocando bem raramente seu passado e o de sua família. Apesar dos vínculos que eu regularmente propunha com os poucos elementos que eu podia conhecer, ela se instalara num presente no qual contava roteiros repetitivos de cenografia bem particular. Embora não funcionasse num modo operatório propriamente falando, essa paciente dele ficava próxima por momentos, ela fantasiava pouco. Seus relatos tinham um estilo narrativo mais que associativo, tinham um lado um pouco morto, tedioso, eu pensava numa espécie de paisagem de inverno com uma chuva fina, Clarisse agitando-se no meio disso. Havia um lado depressivo em Clarisse.

Ao fim de alguns meses, Clarisse, tendo feito o bastante o luto de seu namorado, tem em vista uma relação. Assim, tem uma atividade sedutora de jeito adolescente que a conduz a paquerar ativamente homens, em roteiros repetitivos. Ela "faz tudo para que o homem fique doido", trocam o número de telefone, ela fica em posição de esperar um sinal, para finalmente chamá-lo, a espera sendo sempre longa demais, dolorosa demais para ela. Clarisse precisa controlar, vive com dificuldade o fato de que a situação possa lhe escapar. Numa posição narcísica fálica que não suporta a passividade, ela projeta nesses homens seus próprios sentimentos de impotência, ou desvalorizando-os, ou escolhendo amantes deficientes, até mesmo doentes. Ela considera esses homens presos nas redes de suas manipulações histéricas como tendo pouco valor, o que me parece então satisfazer seu sadismo e seu masoquismo.

Clarisse controla todo o seu pequeno universo, ela arruma bem tudo em caixinhas e possui numerosos pequenos carnês de inventários. Com sua mãe, ela "se encaixa", ela faz silêncio. "Largar-se" ainda que em palavras pede a ela um esforço enorme, o que identifico em seu tratamento. Sob a pressão da reativação do conflito edipiano na transferência, um movimento pulsional dela se apodera, manifestando-se por provocações que visam me "fazer pular como seu pai", a fantasia associada sendo a de um pai portador de um pênis anal destruidor. Ela está, por sua vez, em posição homossexual passiva, como o menino que o pai teria desejado. Por outro lado, no aspecto materno da transferência, é difícil para ela situar-se numa certa rivalidade para comigo. Clarisse parece sobretudo procurar uma cumplicidade a fim de fazer de mim uma aliada pouco perigosa.

Meço mal a importância nela do agir nesse momento, as dificuldades dela de domesticar suas pulsões, até que ela paquere um homem vítima de Aids com o qual ela está a ponto de se pôr em perigo, o que vai requerer intervenções superegóicas de minha parte. Fica para mim então nitidamente claro que há *uma carência do Supereu* nessa paciente, seu pai parecendo pouco interditor, o que deixaria mais abertas as portas ao agir, as fantasias edipianas esfumando-se em proveito da realidade incestuosa. *Por falta, o aspecto autoconservativo do Supereu é aqui identificável.*

Minha atenção vai ser atraída pelo relato de uma tentativa de sedução da mãe de Clarisse pelo avô paterno. À sua mulher que lhe narrava a história, o pai de minha paciente teria respondido que ele entendia bem essa atitude. A indiferença do pai diante dos desejos sedutores de seu próprio pai, os poucos limites que ele coloca à sua filha são outros sinais da insuficiência do supereu paterno. Essa insuficiência parece-me também estar na origem da construção particular da fantasia "Uma criança é espancada" de minha paciente. Assim, Clarisse lembra-se de duas cenas que a marcaram.

Primeira cena, seu pai bate em sua irmã pequena, pois ela havia recusado comer. Sua mãe assistia à cena sem dizer nada, assim como ela mesma. Segunda cena, seu pai deixa marcas nas nádegas de sua irmã depois de tê-la perseguido e batido nela violentamente, pois a menina havia perdido um objeto precioso. A mãe, aí ainda, não interviera. A passividade desta é inquietante para Clarisse, e ela tem então o seguinte sonho: "Um tigre[11] assustador a observa sem se mexer. Ela está aterrorizada". Ela associa sobre o fato de que, como na cena da irmã pequena espancada, sua mãe (igual ao tigre do sonho) observa e "se encaixa", ela mesma observando em posição passiva. Por outro lado, Clarisse pensa ter ela também apanhado do pai e compreende as situações nas quais ela o fazia pular, ferver e o punha em cólera, como a busca dessa situação. Parece-me importante notar, por um lado, que *o segundo tempo da fantasia*, isto é, aquele em que o sujeito é ele mesmo espancado pelo pai, em que ele se encontra, portanto, numa posição masoquista ligada à culpa do amor incestuoso em relação ao pai, *está em Clarisse não recalcado. A questão da instância superegóica coloca-se de novo*. Por outro lado, a mãe está presente na cena da fantasia, passiva e cúmplice do pai. Ao não dizer nada, a mãe aparece como cúmplice do pai, ela teria até empurrado a criança na direção do pai durante a perseguição. Essa cena também pode constituir uma cena primitiva na qual a mãe é excluída. Mais tarde Clarisse vai se lembrar de uma fantasia infantil particularmente violenta. Notando que a mãe usa um colar cervical, ela interpreta isso como o risco corrido por "uma coelha que fez coisas com um coelho que pode às vezes quebrar o pescoço da coelha". "Seu pai deu o golpe do coelho em sua mãe..."* . Podemos pensar que a insuficiência do Supereu torna a cena primitiva extremamente violenta, até mesmo mortífera.

[11] O tigre é um animal cruel. Não representa ele a crueldade de seu Supereu materno?

* O "golpe do coelho" tanto significa o golpe dado na nuca para matar o coelho quanto um golpe "por trás", um golpe "traiçoeiro". (NT)

O herpes como cruel Supereu

É no final do segundo ano de análise que Clarisse me fala de seu herpes. Ela está mais na introspecção, está nitidamente menos em roteiros de paquera. Um movimento mais regressivo se inicia, provocando angústias em vários níveis, mas que podemos centrar na passividade. Clarisse baliza sua rivalidade fálica em relação ao homem e angústias de castração estão presentes. Um trabalho de renúncia à masculinidade aparece de maneira tênue. Se a posição fálica também corresponde aos desejos de seu pai (ele a ama "forte", "como um menino", "ela não pode de modo algum chorar", etc), essa posição talvez seja também uma defesa contra o desabamento depressivo. Nesse estádio de sua análise, ela pode no entanto deixar-se levar por uma atitude mais passiva em sessão em que ela está menos na conversa e pode quase adormecer. Mas o medo da passividade em relação à sua mãe, abandonar-se ao risco de ser abandonada aparece no momento em que as férias se aproximam. Ela então se mostra mais agressiva comigo, falta sessões, chega atrasada. Ela desvela mais claramente o aspecto fraco e desvalorizado de sua mãe, mas também sua falta de ternura: a mãe lhe contou, por exemplo, como, um dia em que ela chorava, ela lhe dissera para se virar sozinha, pois ela estava com a irmã pequena nos braços e era bem suficiente para ela. Além disso, ela se queixa de que a mãe nunca lhe deu um apelido, o que não é o caso de seu pai, e sobretudo que a mãe nunca lhe disse "eu te amo". A ferida narcísica e a dor dessa falta de ternura, de reconhecimento, da falta no dizer materno provocam uma fragilidade extrema durante as separações, sua ausência na realidade arriscando conduzir sua mãe, sua analista a esquecê-la. A separação é vivida não como um acesso à autonomia, mas como que exprimindo o desejo da mãe de se livrar dela. A mãe aliás se livrou dela, mandando-a para a casa dos avós. Nessa época, ela estava grávida, deprimida e suportava mal Clarisse, que tinha três anos.

É nesse contexto que Clarisse me fala pela primeira vez de seu herpes. Foi o amigo que a deixou quem "a infectou". Ela me mostra o quanto a sexualidade é "nojenta", o quanto ela é culpada por ter "transado rápido demais com aquele homem". A dimensão psicossomática do herpes me remete primeiramente ao aspecto um pouco pobre do universo psíquico de Clarisse. Ele parece inscrever-se como curto-circuito somático em reação à separação e marcador de seu núcleo depressivo. O herpes me aparece nesse momento sobretudo como o sinal de um Supereu (não é certo transar tão rápido com um rapaz), de uma punição por ter sido agressiva comigo (como mãe) e também marca o perigo da passividade (ela não deveria nunca ter-se deixado levar). *Essa necessidade superegóica com a punição associada que esponja suas exigências na realidade corporal dessa paciente é a marca nela da manutenção de uma demanda de mediação, de um julgamento de atribuição não proposto pelo pai. O herpes tem por função proteger Clarisse de seus desejos incestuosos.* Notemos, no entanto, que Freud insistiu por muito tempo, como lembro mais adiante, na insuficiência do Supereu na menina.

Numa versão menos dramática, encontramos aí alguma coisa da máquina descrita por Kafka[12] em seu relato *A colônia penal*, máquina cuja função é de inscrever na pele do prisioneiro a Lei. Em Clarisse, não havia fixação perversa, a dor não se tornara a condição necessária ao prazer erótico, encontrávamos antes um pólo "histerizado" que não podia conter a carga pulsional não ligada, deixando um trilhamento para uma outra solução, em paralelo, que tinha de gerir de outra maneira o excesso de excitação. *Também podemos pensar que a somatização é uma manifestação da desintricação, aqui excessiva, ligada à emergência do Supereu portador das moções pulsionais agressivas do Id, que por um lado limita os estragos, mas por outro os fabrica.*

---

[12] F. Kafka, *A colônia penal.*

O Supereu cruel e a questão dos limites

Clarisse vai encontrar Brahim, com quem se instala uma relação durável. Ligar-se a um homem parece-lhe difícil, temor que é encontrado na transferência. "Ela está amarrada, ela se amarra, isso a torna dependente, ela tem medo de que a larguem, de que lhe digam "você não é bonita". Ela tem medo da fusão, de "ser demais a outra, não ela o bastante", da dependência arcaica. Ela teme a um só tempo a aproximação e o abandono. Suas pulsões de ternura a assustam pela proximidade a que conduzem, pelo abandono ao outro que arrisca então abandoná-la. "Se eu me abandono, deixo-me ir, ele vai me deixar, é a mesma coisa com você, eu me deixo falar e você irá embora". Os riscos de perda do objeto suporte, de não se encontrar mantida pelos braços maternos, como na cena contada pela mãe, deixam-na um pouco mais agressiva comigo. Os relatos que ela me faz mudam, mas não completamente; persiste a narração detalhada, minuciosa, de suas discussões e brigas telefônicas com Brahim. Eles estão assim bem à distância, distância que é encontrada na transferência. Seu medo a conduz a se distrair em outra parte. Com muita freqüência em pares, ela começa a sair muito com as amigas, e em companhia de amigos. Se Clarisse se controla menos, a necessidade de manter o objeto à distância a fim de não ser invadida por seu universo pulsional se desvela. Parece-me cada vez mais, então, que, com o herpes que reaparece, ela tenta lutar contra a excitação produzida pelo que ela vive como uma verdadeira invasão por Brahim. Ele desperta, desencadeia seus pensamentos incestuosos e destruidores. O novo acesso de herpes é evocado por Clarisse da seguinte maneira: ela e o namorado foram passear com amigos que têm filhos e que lhes sugeriram que fizessem filhos também. Isso a deixou constrangida, e ela sentiu um mal-estar. Ela associa, então, sobre espasmos recorrentes aparecidos há algum tempo, sobre seus desejos sexuais que ela sente como malsãos, pois ela pensa nas palavras de sua mãe, para quem a sexualidade é "viciosa", "porca", tudo, parece-lhe, em relação com o acesso de herpes. O herpes aparece num contexto de histerização, e vou entender os espasmos como *uma resposta superegóica às fantasias de ataque do ventre materno* tais como M. Klein propõe. Aos ataques dirigidos contra o corpo de sua mãe corresponderia o medo de ser atacada dentro dela pelas figuras parentais interiorizadas e perseguidoras que constituem uma parte de seu Supereu cruel.

O acesso de herpes vai persistir. Ela se sente "empestada" e pensa que nessas condições Brahim vai deixá-la, o que satisfaz seu masoquismo. Ela tem, então, o seguinte sonho: "Está numa cozinha na qual tenta fazer bifes de carne moída bem sangrentos. Brahim e um outro rapaz estão presentes. Ela é incapaz de fritar os bifes e eles se desfazem, ficam em migalhas, o sangue pinga, e ela não pode servi-los". Os bifes de carne moída estão associados a sexos picados, o que indica a um só tempo seus desejos cruéis e sádicos em relação ao homem, a maneira como ela vive a prova da relação sexual genital, como moedura, arrancamento do pênis e da vagina aos modelos pré-genitais, e a força de suas angústias de castração e a dor da derrota narcísica. As fantasias de castração – ao contrário da idéia de que a menina disso poderia estar protegida – podem ser mais angustiantes na medida em que os órgãos genitais femininos são internos e em que o "ventre da mãe" que contém os bebês é objeto de ataques destruidores, como mostrou M. Klein.

O aspecto ativo do sonho e os bifes remetem à sua dificuldade de se abandonar à passividade que implica a submissão ao pai edipiano anal e perigoso por sua dimensão insuficientemente interditora. Lembro-me, então, como relatei anteriormente, de que o pai tinha achado muito bem que o avô paterno seduzisse sua esposa, pois "esta era mais *apetitosa* que a avó, ela tinha uma carne mais fresca". Esse pai, que não valoriza a feminilidade, diz de "sua mulher que ela é comível, *penetrável*". A mulher na cozinha representa também a imagem desvalorizada da mãe, colocada familiarmente em relevo nesse papel. O herpes "come" a vida de Clarisse, ela não pode mais fazer amor com o parceiro, "ela é punida ali onde ela errou", sua relação com Brahim vai fracassar, como "ela fracassa no bife, e tudo vai ficar em pedaços". Os bifes de carne moída, em pedaços e pingando, também figuram os objetos atacados por suas pulsões cruéis, bebês em pedaços da amiga, de um ventre materno.

Notemos também que, durante algum tempo, a coçação é ela mesma invasora. Clarisse coça o pescoço e a cabeça até sangrar. Isso lhe faz lembrar as masturbações com sua irmã, quando eram pequenas, marcando claramente esse comportamento com sua valência incestuosa. O aspecto ativo e agressivo da coçação me impressiona. Ela se coça até fazer sangrar, ela ataca a pele machucada pelo herpes. Num mesmo movimento, ela atinge seu sexo e os limites de seu corpo, sua identidade sexual e sua identidade, o ataque faz bascular do edipiano para o arcaico, da punição superegóica edipiana para a crueldade do supereu arcaico. *O ataque da pele que marca o interdito superegóico faz pensar na dimensão arcaica delimitadora do Supereu cruel. Diante da precariedade do Supereu paterno, a ameaça de sedução incestuosa, o Supereu arcaico materno assume o lugar com uma crueldade crescente. O interdito do tato edipiano é retomado num nível pré-edipiano sob o modo do arrancamento da pele. Há também, na violência do comportamento de Clarisse, a encenação da criança espancada. Clarisse se fustiga como gostaria de ter sido espancada.*

O Supereu feminino cruel

Nosso trabalho avançando, os impasses da problemática edipiana nos quais se encontra Clarisse vão aparecer claramente.

Em primeiro lugar, ela gostaria de pedir a Brahim, como a seu pai, o que sua mãe não lhe dá: ternura, que ele lhe diga "eu te amo". Mas pedir isso é mostrar-se fraca. Clarisse não pode ser fraca com seu pai por duas razões: por um lado, ele não gosta dela fraca e é, portanto, arriscar perdê-lo; e, por outro, se for fraca, ela arrisca transbordamentos pulsionais. Como, então, vai ela se defender em relação aos desejos incestuosos de seu pai?

Em segundo lugar, como ser o desejo do desejo de seu pai diante de uma mãe fraca, desvalorizada, quando seu pai manifesta que deseja uma filha forte, uma filha viril? Identificar-se com a mãe que não é "nada" é um impasse, ainda mais que ela não a ajuda narcisicamente a se reconhecer na feminilidade, ali onde ela poderia encontrar o amor do pai. As identificações que ela busca ainda de meu lado são, aliás, essencialmente fálicas.

Em terceiro lugar, a análise da transferência também revela a persistência das fixações nos objetos incestuosos, a dificuldade de se separar deles e de fazer deles o luto. Num jogo indeciso em torno da continuação ou não de sua análise, Clarisse vai manifestar que não pode renunciar às suas fixações, a um dos dois pais para eleger o outro, como se essa escolha significasse a impossibilidade de conservar o outro. Embora tenha podido, pelo viés do trabalho analítico, encontrar identificações femininas, embora aceite mais a fraqueza, os sentimentos de estar vazia e estar amarrada, a passividade amorosa ainda permanece angustiante para ela. O herpes apareceu precisamente num período em que eu achava Clarisse às vezes mais passiva em sessão. A passividade parecia ser psiquicamente difícil de viver para ela, assim como, aliás, minha própria passividade, que ela suportava mal. Assim, meus silêncios podiam ser muito mal vividos por Clarisse e, nesse caso, um movimento regressivo era notável.

Ela tem, então, este sonho: "Ela entra numa sala onde uma ginecologista a espera. Ela está em companhia de outra mulher, elas não lhe dizem nada. Ela se levanta um pouco irritada e solta o verbo, declara que não está acostumada a ser olhada sem que falem com ela e, além disso, dirigindo-se à mulher mais jovem, diz-lhe que ela é muito jovem e muito curiosa. A mais velha assume sua defesa, não é culpa dela".

Nas primeiras associações de Clarisse, a irritação dirige-se às mulheres da família, e ao herpes que reapareceu. O que me parece, sobretudo, a ser notado a respeito desse sonho diz respeito à dificuldade que minha paciente manifesta de agredir e de considerar sua analista ginecologista como culpada. Já sublinhei a incapacidade de Clarisse de me agredir de verdade. As duas mulheres não falam com ela, elas "a encaixam" depois que ela "soltou o verbo". Esse sonho angustiante lembra o sofrimento de Clarisse diante de uma mãe ausente afetivamente na comunicação com a filha, e meu silêncio. O movimento exibicionista remete a uma pulsão escópica bem perseguidora ("Nós a olhamos sem nada dizer") e com certeza a um desejo de ver culpado. Notemos que Freud considera, nos *Três ensaios*, que a pulsão escópica é uma pulsão cruel. Minha paciente vem exibir o herpes, marca de sua castração, da ameaça materna ligada a seus desejos incestuosos. No sonho, Clarisse se levanta um pouco irritada, mostrando por aí a um só tempo a dificuldade ligada a uma posição passiva e o recalque da agressividade: ela só pode ser um pouco agressiva. Depois de um tempo relativamente longo, o herpes tendo desaparecido, ela poderá me dizer, pelo desvio de uma leitura, que ele era a marca de sua impossível agressividade a meu respeito. *Vou entender a sua interpretação do herpes como a marca de um Supereu arcaico cruel demais, de autocrueldade que visava conservar o Eu [*Moi*] em posição masoquista, sem pulsão cruel em relação ao objeto materno a fim de preservá-lo, pela inversão do ataque cruel para ele mesmo.* Assim, o contra-investimento excessivo da agressividade parece perigoso, a agressividade contida, interiorizada e desintricada compromete o desenvolvimento dos investimentos eróticos. Parece-me interessante notar que, pelo final de seu tratamento, Clarisse pôde falar de fantasias nas quais eu estava contaminada pela Aids. Essas fantasias cruéis e sádicas puderam ser associadas ao risco que ela quase correu por si mesma e que estavam na medida de sua destrutividade a meu respeito.

Os medos da agressividade em Clarisse me pareceram poder ser entendidos em dois níveis. Em primeiro lugar, ao evitar o conflito comigo, ela se protegia da castração vinda da mãe, cujo lugar ela finalmente não usurpava. Como observa Janine Chasseguet-Smirgel:

> Uma posição edipiana em que a filha se identifica realmente com sua mãe para suplantá-la junto a seu pai em nada é confortável. Os obstáculos com os quais a filha se choca nesse caso, a um só tempo em seu amor por seu pai e em sua rivalidade com a mãe, são bastante aterrorizantes para que o complexo de Édipo da filha seja, não menos que o do menino, o "núcleo das neuroses" (1991, p. 186).

Em segundo lugar, os medos de minha paciente também estavam ligados a um reaparecimento do medo de destruir o interior materno, constituindo uma repetição de ataques fantasmáticos contra o interior desta provindo do ódio a seu respeito.

Quanto a seu medo da passividade, lembro que na cena "uma menina é espancada" a mãe ficou passiva, deixando a filha às voltas com o pai e com seus desejos incestuosos. Sua passividade foi vivida como ameaçadora, pois ela entregava a filha ao pai. Como, nessas condições, Clarisse podia identificar-se com "a passividade primeira" que determina a feminilidade[13]? A cena primária tinha assim ares particularmente brutais, perigosos, a mãe encontrando-se numa posição passiva na qual ela quase fora morta (Clarisse associando a cena primária e "golpe do coelho")[14]. Foi notável que Clarisse começasse a coçar a cabeça e o *pescoço* até fazer sangrar, identificando-se com a mãe na cena primária.

A custosa exigência da coçação, até mesmo o próprio herpes provinham, penso, de uma experiência negativa das relações precoces de Clarisse com sua mãe. Clarisse descrevia a mãe como pouco inclinada à ternura a seu respeito, carregando-a pouco nos braços, o que ela identificava nos retratos de família, como incapaz de lhe dar um apelido, o que por outro lado fazia o pai, que a chamava, entre outros nomes, de "meu coelhinho!", mas, sobretudo, durante a gravidez de sua mãe, e durante os primeiros anos de sua irmã pequena, ela se sentira particularmente deixada de lado por uma mãe, segundo ela, então deprimida. Ela pensava que sua mãe era muito mais uma esposa que uma mãe. Podemos pensar que Clarisse foi particularmente hostil em relação à sua mãe e que, em contrapartida, esta se mostrou, com sua ausência, pouco intricante. Essas condições devem ter provocado uma falha do narcisismo primário de Clarisse, identificável pelo aspecto bem operatório de seu funcionamento mental.

Claude Smadja, em sua obra *A vida operatória, Estudos psicanalíticos*, propõe que a doença operatória seja concebida como uma doença do Supereu (p. 200). Ele nela identifica um Supereu sem objeto que não tem papel interditor, toda a sua função referindo-se ao aspecto narcísico. A relação do Eu [*Moi*] com o Supereu é então, segundo ele, mais centrada nas tendências masoquistas do Eu

---

[13] Sylvie Faure-Pragier, após Jacques André, insiste na passividade primeira que determina nos dois sexos a feminilidade, *Les bébés de l'inconscient...*

[14] S. de Mijolla mostra toda a importância do assassinato como teoria sexual infantil, em *Meurtre familier...*, pp. 85-113.

que no sadismo do Supereu. Clarisse, que não pertence a essa categoria de paciente mas que, em certos momentos, pôde dela se aproximar, também era vítima de uma doença do Supereu. Assim, o que sobretudo me impressionou foi que, diante da carência do Supereu edipiano, o Supereu materno castigava de modo muito cruel, tornando a expressão da agressividade pela via da representação quase impossível, a via comportamental, até mesmo a somatização assumindo o lugar num processo de inversão contra si. O masoquismo servia então, a meu ver, de recuperação libidinal.

Deixo em suspenso, pois não diz respeito a esse trabalho e é de uma complexidade enorme, a questão, já evocada neste texto, dos processos de desintricação, de transformação, de degradação da pulsionalidade do Supereu cruel e a báscula que fazem para o somático.

O SUPEREU FEMININO

Esses elementos do tratamento de Clarisse permitiram que eu prosseguisse e desenvolvesse minha reflexão sobre a crueldade e que encarasse um dos aspectos da crueldade feminina. Constatemos, no entanto, que, para Freud, por um lado a crueldade é um dos aspectos da masculinidade atribuído à mulher; com efeito, ele escreve a Fliess que: "O componente cruel é 'masculino', mas existe na mulher. Não há fundamentalmente diferença entre o inconsciente do homem e da mulher" (6 de novembro de 1907). Por outro lado, ele vai expor a idéia de que o Supereu é pouco desenvolvido na mulher.

O Supereu feminino segundo Freud

"A organização genital infantil" (1923) é escrita no mesmo ano que o texto sobre o Supereu. O primado do falo é colocado como sendo o organizador da genitalidade infantil nos dois sexos, só "o órgão macho desempenha um papel" (p. 114). A angústia de castração só é apreciada em seu justo valor à condição que articule seu aparecimento na fase do primado do falo. Há "*um masculino, mas não feminino*" cuja oposição se articula entre o órgão genital masculino ou castrado. Só no final da puberdade é que o feminino é ligado ao objeto, à passividade. A vagina "aloja o pênis" e assegura "a herança materna". Em "O desaparecimento do complexo de Édipo", que também data desse ano, Freud pensa que a diferença essencial entre menina e menino deve-se ao fato de que "a menina aceita a castração como um fato consumado, ao passo que o que causa o temor do menino é a possibilidade de seu cumprimento. *Com a eliminação da angústia de castração também cessa um motivo poderoso para a edificação do Supereu*[15] e para a demolição da organização genital infantil" (p. 121). A renúncia ao pênis é então substituída por uma "compensação", a mulher reivindica um filho, um presente do pai.

"Algumas conseqüências psíquicas da diferença anatômica entre os sexos" (1925) trazem uma modificação relativa às concepções freudianas da vida sexual da criança. Com efeito, se o primeiro objeto de amor é o mesmo para a menina e o menino, como explicar para a menina a mudança de objeto? A menina viu sua ausência de pênis, "ela sabe que ela não o tem e quer tê-lo". A inveja do pênis se manifesta pelo complexo de masculinidade, que tem pesadas conseqüências psíquicas. Notemos, em particular, que o ciúme em relação ao menino se exprime na fantasia "espanca-se uma criança", e que a mãe é responsabilizada por essa falta. Se o complexo de Édipo masculino desaparece sob os efeitos do complexo de castração, o da menina lhe é secundário, tornado possível

[15] Sou eu quem sublinho.

e introduzido pelo complexo de castração. O motivo da destruição do complexo de Édipo na menina escapa, então, a Freud, mas, tendo a castração produzido seu efeito, ela a coage à situação edipiana. Por isso o Supereu da menina, escreve Freud, "nunca será tão inexorável, tão impessoal, tão independente de suas origens afetivas quanto o que exigimos do homem", ainda que a bissexualidade relativize as diferenças[16].

"Sobre a sexualidade feminina" (1931) começa com a idéia de que a mudança de objeto na menina se complica com a "mudança de zona", Freud voltando à existência de duas zonas de excitação genital, o clitóris e a vagina, o primeiro tendo um caráter masculino, com a necessidade de uma transferência de uma zona à outra. As duas mudanças de objetos são necessárias à evolução da mulher, "à mudança de sexo da mulher corresponde uma mudança de sexo do objeto" (p. 142). Fica claro, então, sobretudo a Freud, que a força do vínculo da menina com a mãe foi subestimado, o pré-Édipo não foi suficientemente levado em conta diante da dificuldade com a qual ele se confronta. A angústia de ser assassinada ou envenenada pela mãe é tipicamente feminina, ela provém da angústia de ser morta pela mãe que justifica o desejo de morte consciente em relação a esta. A agressividade oral e anal da menina foram assumidas pelo "recalque do início" (p. 150), mas não está

[16] J. Chasseguet-Smirgel, em seu trabalho sobre o Supereu feminino e as identificações da mulher com o pênis paterno, evoca o aspecto "impessoal" do Supereu na mulher. Ela constata que, com efeito, muitas mulheres são influenciáveis, que elas não têm opinião. Eis o que ela escreve: "Na verdade, esse setor 'maleável' só interessa sua culpa consciente. Para além dessas flutuações aparentes, os interditos inferiorizados não faltam. Um deles os domina e forma uma espécie de 11° mandamento que poderia ser formulado assim: 'Não terás tua própria Lei, tua Lei será sempre a do objeto'. Parece-me que muitas mulheres interiorizaram essa exigência fundamental que sempre lhes dá uma posição de complemento" (*La sexualité féminine*, p. 184).

em questão o Supereu. Para Freud, "a relação da simultaneidade entre o amor por um dos pais e o ódio contra o outro, considerado como rival, só ocorre para a criança 'masculina' então forçada à criação do Supereu como resultado da interiorização da instância paterna, o que lhe permite a inserção na 'comunidade cultural'".

Na medida em que Freud mantém uma ligação privilegiada entre angústia de castração masculina e formação do Supereu, é difícil a transposição desse processo para o desenvolvimento da sexualidade feminina. O complexo de Édipo é para a menina o resultado de um longo desenvolvimento, ele não é destruído, mas, ao contrário, criado pela castração. É à mãe que ela censura a ausência de pênis, por não tê-la alimentado o bastante, por ter-lhe imposto rivais, tantos motivos que afastam a menina. Notemos também que, nesse texto, Freud considera que, para a criança, "as experiências sexuais ou coloridas sexualmente" da criança com sua mãe são passivas, uma parte da libido permanece ligada a essa relação, uma outra parte buscando transformar essas experiências em atividade. Ele retoma essa questão na XXXIIIª Nova Conferência, na qual ele identifica a dimensão passiva da mãe deixando-se mamar por sua criança, por exemplo. Um dos principais componentes da feminilidade diz respeito à repressão da agressividade na mulher, que é a um só tempo constitucional e social, favorecendo "o desenvolvimento de fortes tendências destrutivas voltadas para o lado de dentro". O masoquismo é, portanto, como se diz, "autenticamente feminino" (p. 155).

Freud precisa nesse texto que a fase sádico-anal e a agressividade não diferenciam a menina do menino, sendo os impulsos agressivos das meninas tão ricos em violência quanto os dos meninos. Por outro lado, Freud confirma que o apego ao pai, inclusive o mais intenso e durável, não passa de uma transferência do apego anterior à mãe. Além disso, na pré-história da menina, é notável, segundo Freud, constatar regularmente uma sedução materna.

"Nesse caso, todavia, a fantasia toca o solo da realidade, pois é realmente a mãe quem, durante os cuidados corporais dados à criança, deve ter provocado e talvez até despertado primeiramente sensações de prazer nos órgãos genitais" (p. 162). Do lado da criança, um dos desejos mais claros é o de fazer um filho em sua mãe ou de "pôr no mundo um filho para ela". É a hostilidade que explica o afastamento da mãe: "o apego termina em ódio" em função de todas as censuras que podem lhe ser feitas, que eu precedentemente mencionei. Freud insiste, então, nesse ódio que pode persistir a vida inteira.

A angústia de castração permanece para Freud o único motivo que leva a superar o complexo de Édipo e de novo ele aí associa as conseqüências relativas ao Supereu: "Com a supressão da angústia de castração também cessa um motivo poderoso para a edificação do Supereu" (p. 173).

Assim, no conjunto desses textos sobre a feminilidade, Freud mantém a necessidade da angústia de castração como atraidor do Supereu. Considerando o périplo edipiano da menina, esta dele vai ficar, em parte, desprovida. Diante da castração, o ódio pré-edipiano e edipiano da menina em relação à mãe é amplamente evocado. Nem por isso Freud indica que uma instância superegóica vai assumi-lo. O pai para quem ela se volta salva-a da castração pelos presentes que ele lhe dá e são sobretudo as moções ternas que devem ser assumidas pelo Supereu. Nada mostra que, para Freud, haja um Supereu cruel na mulher.

Retomando o caso de Clarisse, é possível, pelo menos num primeiro tempo, dar razão a Freud. Com efeito, várias vezes notei que o Supereu "paterno" de minha paciente era insuficiente. Como o pai manifestava pouco uma postura interditora, ela passou perigosamente ao ato no momento em que a transferência paterna estava particularmente ativa e a fantasia "Uma menina é espancada" aparecia pouco recalcada. O Supereu em Freud compreende dois imperativos: "Seja assim" e "Não seja assim". O primeiro se refere ao Ideal do Eu. Em Clarisse, ele estava pouco presente e mostrava também o enfraquecimento da força de seu Supereu.

O Supereu precoce cruel em Melanie Klein

Após a publicação do dois últimos textos de Freud sobre a feminilidade evocados acima (1931 e 1932), Melanie Klein escreveu:

> Ele [Freud] não admite a influência do Supereu e da culpa sobre essa relação filial particular (longo apego da menina à mãe). Tal posição parece-me insustentável, pois os vínculos libidinais que unem a menina à mãe são bem cedo reforçados pela angústia e a culpa que decorrem de suas pulsões agressivas. Os temores múltiplos engendrados por suas imagos extravagantes – seu Supereu e sua verdadeira "má" mãe – a obrigam, desde os primeiros anos de sua vida, a buscar refúgio junto à sua "boa" mãe real (1932, pp. 248-249).

Parece-me importante ressaltar primeiramente que a destrutividade tem um lugar importante na construção kleiniana. Para M. Klein, o sadismo infantil precoce provoca a culpa que acarreta a angústia. M. Klein considera que o inconsciente funciona segundo a modalidade "olho por olho, dente por dente". Por isso, cada descoberta de uma nova fonte de agressividade acarreta uma angústia correspondente que chama uma fantasia na qual o sadismo do sujeito volta-se contra ele. O medo do talião transforma para o inconsciente os objetos reais atacados em objetos vingadores introjetados[17].

[17] Ver a esse respeito Jean-Michel Petot, *Melanie Klein, Premières découvertes et premier système, 1919-1932*, pp. 196-197.

M. Klein qualifica de "primeiros estádios do Supereu" as primeiras identificações da criança e nisso ela concorda com Freud. Entretanto, para ela, o conflito edipiano e a formação do Supereu iniciam no momento em que reinam as pulsões pré-genitais e os objetos introjetados do estádio sádico oral. O Supereu primitivo é, segundo M. Klein, particularmente cruel e ativo na pequena infância, "nascendo a partir das pulsões destruidoras e cruéis da criança" (1963, p. 208). Durante a exacerbação do sadismo, que se situa desde o nascimento, nomeada a partir de 1946 "posição esquizo-paranóide", o crescimento das tendências sádicas provoca não só um aumento da angústia, mas o Supereu primitivo, constituindo-se, exerce ameaças sobre o Id. Essas ameaças são um reduplicação de toda a gama das fantasias sádicas até então dirigidas contra o objeto. Por conseguinte, cada um deles vai se voltar contra o Eu [*Moi*]. Em outros termos, o Eu desviou suas pulsões sádicas para o mundo exterior, para o objeto, e dali só pode esperar hostilidade. Disso decorre que o objeto interiorizado vai para ele aparecer como um inimigo cruel. Mas "parece bem que um fator filogenético esteja igualmente na origem da angústia tão precoce e tão intensa [...]. O pai da horda primitiva constituía o poder exterior que obrigava a inibir os instintos [...]. Seja qual for a crueldade do Supereu constituído sob a influência do sadismo, ele nem por isso deixa de defender o Eu contra os instintos de destruição, e é portanto dele que procedem, desde esse estádio primitivo, as inibições instintuais" (1932, p. 151). O medo inspirado pelo pai, uma vez que a interiorização do objeto começou, é utilizado como defesa contra a angústia suscitada pelas pulsões de destruição.

A descoberta progressiva das posições "esquizo-paranóides" e "depressivas" assim como de sua flutuação e recobrimento recíproco vai permitir uma mutação do Supereu ao longo do desenrolar do conflito edipiano. A frustração oral é de imediato projetada sobre o casal dos pais, sobre os quais a criança fantásia que eles se dão "prazeres sexuais partilhados" que a ela recusam. *Alguns dos aspectos mais importantes do Supereu, ternura e solicitude, crueldade e destrutividade, provêm dos primeiros componentes maternos do Supereu.* A relação com a mãe arcaica modela em M. Klein o desenvolvimento do Supereu em seu conjunto. A mãe é o primeiro "bom" objeto, o Eu se organiza sobretudo em torno desse objeto benevolente que permite as primeiras identificações e em torno do qual se estabelecem outras identificações. O Supereu exige contraditoriamente a identificação com os dois pais, exigência que corresponde à necessidade de reparar o desejo original de desapossar cada um deles, mas também de conservá-los vivos no interior de si. Durante a posição depressiva, ao longo da passagem do objeto parcial ao objeto total e a acessão ao Édipo verdadeiro, a fantasia da mãe perdida desencadeia a culpa, e o Supereu perseguidor transforma-se em "remorso da consciência", fazendo o luto de não ter podido proteger o "bom objeto" dos perseguidores interiorizados.

Melanie Klein explica-se de modo bem claro sobre o fato de que a menina é mais exposta que o menino à crueldade do Supereu. "Em razão da estrutura anatômica e da função receptiva do aparelho genital feminino, as pulsões orais da menina afetam mais o Édipo da menina e a introjeção do Supereu desempenha nela um papel muito mais considerável que no menino. Além dessa tendência mais pronunciada à introjeção, a ausência de um pênis ativo só pode acentuar sua sujeição ao Supereu" (1932, p. 224). Para M. Klein, a fase de sadismo exacerbado desde o nascimento visa – com o seio – o interior do corpo da mãe, que contém o pênis do pai. Retomo aqui um trecho da análise de Rita tal como M. Klein a apresenta em 1945[18]. "Além disso, Rita se sentia constantemente

[18] "Le complexe d'Oedipe éclairé par les angoisses précoces".

ameaçada por uma aterrorizante figura materna *interior*[19]. Falei dos ataques fantasiados de Rita contra o corpo de sua mãe e da angústia que lhes respondia: a criança temia que a mãe a atacasse e lhe roubasse seus bebês imaginários. Falei também de seu medo de ser atacada e castrada pelo pai. Gostaria agora de ir mais adiante em minhas interpretações. Aos ataques lançados contra seu corpo por seus pais como personagens externos correspondia, em suas fantasias, seu medo de ser atacada dentro de si pelas figuras parentais interiorizadas e perseguidoras que constituíam a parte cruel de seu Supereu" (p. 406).

Por causa do papel importante de seu mundo interior em sua vida afetiva, a menina sente a necessidade de preencher seu mundo interno com bons objetos: inclusive o pênis paterno admirado, e desejado tanto através de suas identificações masculinas quanto femininas. O mundo interno, a interioridade contém tudo: bons, maus, seio, fezes, pênis, criança. As boas e as más qualidades do pênis são muito mais exageradas nela que no menino. Se a menina aparece menos submetida a uma instância superegóica, é porque ela é mais dependente em relação ao objeto e menos constante em relação à moral. Os dois decorrem da tendência marcada da mulher para interiorizar o objeto, o que aumenta sua dependência e o temor superegóico. "Diz-se que a influência exercida sobre o Eu [*Moi*] pelo objeto sexual é particularmente freqüente nas mulheres e que é característica da feminilidade".

A angústia mais temida pela mulher se refere aos estragos não verificáveis que seus objetos introjetados teriam causado em seu interior. Ela submete assim continuamente seus temores à prova de suas relações objetais, o que pode reforçar secundariamente

---

19 Sublinhado por M. Klein.

suas introjeções. A projeção é igualmente mais desenvolvida na menina a fim de reforçar suas relações com o mundo externo, que ela poderia assim controlar. M. Klein observa que a menina encontra mais obstáculos na constituição de seu Supereu sobre o modelo do mesmo sexo. Ela dificilmente pode identificar sua mãe apoiando-se numa similitude anatômica. O órgão interno da mulher e o fato de ter filhos escapam à observação da realidade. O aspecto aterrorizante da mãe arcaica fica reforçado. Ele ameaça o interior da menina, pedindo contas sobre os filhos, as fezes e o pênis paterno que lhe foram retirados.

PARA CONCLUIR: OS PRINCÍPIOS DE CRUELDADE DO SUPEREU FEMININO

Primeiro princípio: de um ponto de vista geral, o Supereu edipiano é o fiador estrutural da instalação do Supereu cruel arcaico materno na medida em que ele dá, em que ele delimita, pela referência terceira ao pai, um lugar definido para cada um dos atores do Édipo, tanto do ponto de vista da diferença dos sexos quanto da diferença das gerações. Ele abre para uma verdadeira sexualização pelo reconhecimento da diferença dos sexos, mas abre ao mesmo tempo para a dessexualização necessária ao processo identificador. A escrita superegóica da fantasmática do sujeito vai assumir, partindo do conjunto dessas delimitações e da sexualização que daí decorre, seu valor sádico e masoquista. Assim, a retomada do Supereu cruel dá: um filho espanca sua mãe, que espanca seu filho, ou então ainda um pênis, um clitóris é espancado. O pai entra em cena no roteiro de "Uma criança é espancada", longamente analisado por Freud, ao qual podemos acrescentar a seqüência de *Mal-estar na civilização*: "Se eu fosse o pai e você a criança, como eu a maltrataria!" (p. 87). A cena primária permite reunir o conjunto dos componentes.

Segundo princípio que também é geral. *O Supereu arcaico, proveniente do Id, é pulsional.* É desse Supereu que tratei, o outro é o pólo narcísico da constituição identificadora, mas um não funciona sem o outro e, como mencionei mais acima, a organização do Supereu arcaico tem a ver com as identificações originais. As pulsões autoconservadoras libidinais, isto é, as pulsões de apego, e as pulsões agressivas autoconservadoras, isto é, as pulsões de crueldade, são desviadas originariamente pela criança para o objeto, depois retornam do objeto pelo Supereu e constituem seu pedestal primitivo superegóico. As pulsões cruéis da criança dizem respeito à recusa dos limites impostos pelo objeto. A crueldade do Supereu é o sinal de um retorno para o Eu da pulsão de crueldade que pertence ao equipamento pulsional da criança. O Supereu é a medida e está à medida da autoconservação aplicada pela intricação das pulsões maternas à criança. A função desintoxicante da psique materna, no sentido de Bion, assegura a instalação da autoconservação. A autoconservação aparece diferente do ponto de vista da criança e da mãe. O que a pulsão cruel recusa à criança, as tensões, a criança vai dever em parte aceitar. Se a criança aceitar o que recusou por medida vital, é porque a um só tempo ela não quer perder o amor do objeto e admite a dependência vital para com ele: "Você faz isso para o meu bem, para minha vida". A submissão à neotenia inscreve o humano no humano e na vida. Freud enuncia isso de outra maneira, ao evocar a dificuldade, para o homem, da "limitação de sua agressividade" e da "instauração do Supereu, que puxa para si as moções pulsionais perigosas", uma vez que as pulsões eróticas as tornam admissíveis. O Supereu freudiano não está dissociado do Ideal do Eu e do Eu Ideal, e é com freqüência pensado no registro da idealização mais que no do terror pulsional arcaico violento descrito por M. Klein para a posição esquizo-paranóide.

Terceiro princípio geral. O Supereu é uma instância constituída por uma instância exógena: o Supereu parental concorre para a transformação do objeto em objeto da pulsão cruel. Assim, a pulsão de crueldade *vai dever* levar em conta o objeto, tornando-se a destrutividade uma responsabilidade do Eu, que então sente inquietudes e sentimentos de culpa em relação ao objeto. É a passagem da pré-inquietude à inquietude em termos winnicottianos.

Quarto princípio, que diz respeito ao Supereu feminino. André Green observa que se coloca para a mulher a questão de saber como ela pode organizar sua pulsionalidade destruidora enquanto que seu desenvolvimento libidinal não está organizado para a descarga (A. Green, 2001). A localização interna dos órgãos genitais favorece a orientação interna da agressividade e uma retenção inibidora. Assim, a receptividade feminina torna o Supereu feminino mais cruel que o Supereu masculino por uma maior submissão interna às introjeções. "A formação do Eu feminino se caracteriza por uma hipertrofia do Supereu, que lhe impõe respeito e obediência", escreve M. Klein. Como penso ter mostrado a partir do trabalho de M. Klein[20], a receptividade feminina é particularmente monopolizada pelas primeiras introjeções que, dessa maneira, estruturam um Supereu muito cruel ao qual a mulher se submete. A introjeção intensa dos objetos edipianos também dá ao Id um papel mais importante na economia psíquica da mulher. Dá uma semelhança com a criança, chegando o Eu da mulher à maturidade graças ao poder de seu Supereu, cujo exemplo ele vai procurar, embora tente controlá-lo.

---

[20] J. Chasseguet-Smirgel também considera que a menina é primordialmente receptáculo (1988, p. 71). Ela é marcada pela identificação com uma mãe vivida de imediato como possuindo uma vagina e uma matriz fecunda.

Como observa Jacqueline Cosnier, as próprias fantasias de castração feminina, pelo conteúdo de alcance do interior do corpo, comportam um potencial de angústia vital que acentua a dependência em relação aos pais e o recalque dos ataques fantasmáticos que lhes dizem respeito (1995, p. 161). Ela pensa, além disso, que a violência desses ataques é mais destinada às relações sexuais dos pais que a cada um deles como pai e mãe, pois essas relações fazem a criança viver um sentimento de exclusão, de abandono, associado à raiva da impotência infantil. Assim, a fantasia de cena primária integra em seu conteúdo essa experiência de violência, de desejos destruidores de onde decorrem a culpa, a autocrueldade e o masoquismo que o Supereu vai integrar.

Insisto também na continência materna e em sua colocação em jogo no arrombamento cruel e na inversão superegóica da pulsão cruel. Ela me parece importante na questão do feminino e da passividade. A continência que recolhe os movimentos pulsionais intrapsíquicos e intersubjetivos permite a declinação metonímica da receptividade feminina. A continência é receptáculo, reunião, recolhimento, "espera materna"[21], aceitação, *ela constitui o trabalho do feminino*. A receptividade feminina é colocada em jogo a um só tempo em seu aspecto passivo de acolhimento ao arrombamento, ao traumatismo, e na maneira "de tomar em si", na interiorização, na continência, que não são da ordem da passividade, mas, ao contrário, da atividade. O trabalho do feminino tem por tarefa, entre outras, transformar a crueldade do bebê em crueldade viável

[21] J. Chasseguet-Smirgel pensa que a disposição à maternidade, em particular tal como aparece contratransferencialmente no analista, manifesta-se pela capacidade de esperar e de ver desenvolver-se dia após dia uma relação, o que decerto está ligado à gestação, mas mais ainda à própria essência do desenvolvimento da menina, dominada pela espera de saber o que ocorre com sua fertilidade (*Les deux arbres du jardin*, pp. 83-85).

intrapsíquica e intersubjetivamente. A crueldade do bebê se exerce em relação à tirania aterrorizante da mãe todo-poderosa. Em contrapartida, esta, por sua capacidade de conter a agressão cruel, de assimilá-la, implicando a renúncia à megalomania do Ideal do Eu (há limites em suas capacidades de suportar a agressividade), deve permitir a constituição de um Eu com introjeções elas mesmas assimiladoras, que compreende primeiramente um Eu corporal com seus próprios limites em relação àqueles do objeto, "O Eu assim se impõe ao Id como objeto de amor" (Freud, 1923). Mas, como já mencionei, o Eu só pode viver à condição de ser amado pelo Supereu. A reconciliação com o Supereu, como desfecho do tratamento analítico, parece-me central.

KARINE ROUQUET-BRUTIN

Arquivos da crueldade em Patricia Cornwell e suas leitoras

Escolhi ilustrar a questão da "crueldade no feminino" relativamente à emergência de toda uma literatura policial anglo-saxã escrita por mulheres e criando personagens femininos de investigadoras que se confrontam com a resolução de enigmas criminais. No seio dessa literatura, o universo romanesco de Patricia Cornwell me parecia particularmente interessante de convocar em razão de uma aliança explosiva – bem nova na época – do Cru e do Cruel na narração do crime e da investigação.

Patricia Cornwell é uma autora americana de romances policiais, mundialmente conhecida, internacionalmente traduzida, e multimilionária. Seu primeiro livro, *Post-mortem*, publicado em 1990, obteve todos os grandes prêmios da literatura policial. Nele ela põe em cena pela primeira vez sua heroína, Kay Scarpetta, que posteriormente se torna "uma heroína em série", na pista dos assassinos em série, ou melhor, os *serial-killers* (não há uma total identidade entre estes dois termos; as culturas americanas e francesas não identificam do mesmo modo essa criminalidade específica). Vou me referir mais particularmente a seus primeiros livros: a trilogia constituída por *Cruel and Unusual (Uma pena de exceção)* 1993, *The Body Farm (A seqüência dos corpos)* 1993, *From Potters' Field (Uma morte sem nome)* 1995: a trilogia do *serial-killer* Temple Brook Gault.

Na produção romanesca dessa rainha do crime se realiza a etimologia da raiz indo-européia *crudus* ("carne crua, sangue derramado"), de onde vão derivar as palavras "crueldade" e "crueza", "cruel" e "cru"[1]. Alain Rey nos conta essa evolução: *Crudus* exprime o estado "sangrento" e a ação "que faz correr o sangue"; ele toma o valor figurado assumido em seguida por "cruel", "que ama o sangue, a violência", ao passo que sobre o sentido de "sangrento" se implanta o de "cru" em oposição a "cozido", daí "não digerido e não digerível". Mas "Cru" emprega-se no figurado, e é esse sentido que nos retém, para "expresso sem desvios, sem muitos cuidados", depois "contrário às convenções sociais, indecente". A palavra "crueza" aplica-se à brutalidade das cores, à "violência não atenuada da expressão", ao passo que "crueldade" designa o gosto que se tem em atormentar, a tendência a fazer sofrer.

Efetivamente, a romancista nos convida a espetáculos particularmente crus e cruéis – e isso talvez a distinga das outras rainhas do crime –, na medida em que ela expõe os cadáveres mutilados das vítimas ao exame *post-mortem* – nome científico dado à dissecação – e à sagacidade da leitura que disso faz sua heroína, Kay Scarpetta, médica-legista investigadora da Virgínia. À monstruosidade do crime, cujos cadáveres trazem a trágica inscrição sob forma de marcas, rastros, mordidas, escarificações, conjuga-se a crueza científica e asseptizada das cenas de dissecação, em que os corpos vão ser pesados, medidos, examinados, depois abertos, retalhados, terão os órgãos retirados, literalmente desmembrados e postos em

[1] Alain Rey, *Dictionnaire historique de la langue française.*

pedaços, tudo com a ajuda das técnicas mais sofisticadas da tecnologia científica criminal, radiações, *lasers*, microscópios, *luma-lite*, etc.

A aliança do Cru e do Cruel não nos poria na pista de uma pulsão de crueldade no feminino que exerceria seus estragos no arrombamento do corpo operado pelo assassino, arrombamento redobrado pelas necessidades da investigação pelo que Sophie de Mijolla-Mellor chamou uma verdadeira dilaceração do corpo no momento da necropsia? Pois é desse corpo desmembrado, despedaçado, eviscerado e esvaziado que emergem os indícios que vão permitir seguir a pista do criminoso. No cerne da investigação e em plena luz, na luz crua da sala de necropsia, a leitura desse palimpsesto enigmático e macabro a partir do qual a história e a narração se desenvolvem. Nenhuma dúvida de que o leitor e aqui a leitora, cuja investigação se desdobra seguindo a heroína a partir dessas inscrições macabras, desses arquivos da crueldade, sentem um prazer cheio de pavor em passar de cenas de dissecação a cenas de crimes. De onde vem o prazer sentido nas representações cruéis? Quais são os rastros psíquicos antigos que ele vem ressuscitar? Como o romance policial, que é um gênero popular, uma literatura "passatempo", consegue fazer do espetáculo da crueldade um divertimento intensamente buscado por leitoras sempre mais numerosas?

Sigmund Freud, Donald Winnicott, Didier Anzieu, mas também Maarit Piipponem, autor de uma tese sobre Patricia Cornwell, Roger Dorey e Dominique Cupa, psicanalistas que trabalharam sobre a crueldade, acompanham nossa investigação sobre essa crueldade no feminino que é difícil dissociar da agressividade, da destruição, do ódio, da destrutividade, da voracidade, do domínio, do sadismo, tanto ela tem a ver com cada um desses registros. Da mesma forma, exprimimos toda a nossa gratidão a Anne Owens, que abriu para nós, com seu conhecimento da língua inglesa, o campo sensorial da crueldade.

Numa primeira parte, vou evocar o universo romanesco de Patricia Cornwell, que, através do romance familiar que se desdobra de romance em romance, incrusta uma alucinante produção de figuras de duplos no seio de um contexto familiar em crise; é sobre essa tela de fundo que podem ser lidos os arquivos da crueldade, cenas de crimes e cenas de necropsia; abordarei, enfim, a identificação do leitor dessas cenas cruéis trazida pelas figuras dúplices da investigadora e do assassino. Na conclusão desse percurso que tenta reconstituir de que é feita nossa leitura que se sacia e se nutre de crueldade, formularei minha proposta sobre a crueldade no feminino.

Vou lembrar-lhes a advertência ao leitor de Lautréamont em *Os cantos de Maldoror*: "Queira o céu que o leitor, encorajado e tornado feroz como o que lê, encontre, sem se desorientar, seu caminho abrupto e selvagem, através dos pântanos desolados destas páginas sombrias e cheias de veneno". E "alma tímida, gire teus calcanhares para trás, não para frente, como os olhos de um filho que se desvia respeitosamente da contemplação augusta da face materna".

Entremos, atrás dele, no universo impiedoso, cru, e às vezes indigesto dos assassinatos cometidos em favor da ficção.

UM ROMANCE FAMILIAR INDEFINIDAMENTE RECONDUZIDO

Uma parte do sucesso dessa autora de romance policial em série deve-se a seu personagem, a médica-legista inspetora, Kay Scarpetta, e ao meio no qual ela evolui, que encontramos de romance em romance. O romance é escrito na primeira pessoa, é ela quem conta e quem, assim fazendo, confia ao leitor reflexões íntimas sobre os crimes, indícios que ela dissimula de seus próximos, ou para protegê-los, ou por razões profissionais. O leitor é assim associado mais intimamente à investigação do que o são às vezes seus colaboradores: ele é o confidente do que ela não conta para ninguém, e sua investigação de leitor se desdobra a partir da atividade do personagem.

Pois é um personagem de mulher muito ativa, empreendedora, combativa, corajosa essa mulher que maneja o escalpelo e que não hesita em voltar sozinha de noite ao local em busca de novos indícios ou a seu escritório deserto no necrotério. Bebe uísque "como um homem", e podemos conversar com ela "como com um cara", segundo seus colaboradores. Ela é de origem italiana, como seu nome indica, solteira sem filhos (como muitos personagens em série inventados pelas rainhas do crime Sue Grafton, Sarah Pareski, Abigail Padgett), e sua vida é inteiramente devotada a perseguir criminosos, que acabam sitiando-a na casa onde ela vive só, em Richmond, literalmente ou pelo viés de seu computador, no qual se introduziram e para onde enviam mensagens. É, pois, uma heroína penetrante e penetrada. Mesma coisa em seu universo profissional: ela se impõe no universo essencialmente masculino dos policiais, juízes, médicos, técnicos, diante de colegas ou superiores machões ou corruptos. Seu feudo, o necrotério, é regularmente investido pelos criminosos que nele penetram, subornam seus colaboradores, entram em seu computador, falsificam ou desviam seus arquivos. É preciso ressaltar que seus amantes morrem de morte violenta, o primeiro num atentado à bomba, o segundo morto por um casal de *serial-killers*. É, pois, uma heroína em luto de seu pai e de seus amantes nos romances, mas também, na fantasia, uma mulher que destrói os homens.

Uma genealogia de mulheres sem homens

Em *Post-mortem*, o primeiro romance, escrito em 1990, ela tem quarenta e dois anos. Tem uma sobrinha, Lucy, de oito anos, menina mal amada, solitária e superdotada, apaixonada exclusivamente por computadores, a quem ela tenta dar um pouco de afeição. O pai de Kay morreu de doença, abandonando as duas filhas a uma mãe pouco afetuosa e estúpida. A heroína lembra-se do "quartinho" que ela ocupava com a irmã e da "caminha que elas tinham de dividir", onde "aprendiam a se odiar", enquanto agonizava o pai que "continuava a dominar a vida delas de seu leito de doente".

Mesmo esquema familiar para Lucy. Seu pai morreu alcoólico; sua mãe, logo, a irmã de Kay Scarpetta, escreve livros para crianças, embora não dê atenção à filha e colecione maridos e cremes de beleza. A história de Lucy repete a de sua tia. Nessa família, poderíamos dizer que Lucy seja o clone de Kay. Identificação ou duplicação?

Kay e Lucy têm em comum o fato de terem sido crianças maltratadas psiquicamente no seio da estrutura familiar; são meninas machucadas e esfoladas por dentro por mães pouco afetuosas, crianças abandonadas a si mesmas, que cresceram de qualquer maneira, e essa história está inscrita no corpo delas, nos comportamentos que elas têm em relação ao corpo (treinamento físico exagerado – são esportistas de alto nível –, relativa indiferença à feminilidade, até mesmo sua denegação em Lucy, que além disso sofre de alcoolismo e anorexia). Elas partilham esse traço de caráter com Marino, o tira machão, grosseiro, vulgar, mal vestido e fedorento com quem Scarpetta faz dupla. Marino não consegue parar de fumar, nem de beber cerveja e comer hambúrgueres desastrosos para seu colesterol; também está em déficit de maternagem, não consegue automaternar-se, é cruel consigo mesmo.

Kay Scarpetta cuida da sobrinha, o que lhe vale a hostilidade da própria irmã, que a censura não só por ter brincado de ser a mãe de Lucy, mas também seu pai: em *A seqüência dos corpos*, "você sabia cozinhar, fazia trabalhos manuais, consertava tudo em casa, cuidava do carro e pagava as contas. Era você o homem da casa quando crescemos, e em seguida você se tornou o pai da minha filha... E foi você quem herdou os peitos da família. Os maiores peitos da família são os do homem da família!". E ainda: "Lucy é o seu retrato cuspido e escarrado. Além disso, agora, ela é alcoólatra e acho que ela é sapatão". Vemos que, se o processo das mães biológicas está sendo muito bem conduzido, as mães de substituição tampouco valem mais: Kay está implicada nos desvios sexuais de Lucy.

A tia só cuida dos mortos, o que lhe é censurado em várias circunstâncias, quando a sobrinha passa seu tempo na companhia dos computadores. Os dois personagens, em resposta à falta de afeição de suas mães, desenvolveram uma paixão exclusiva pelo inanimado: os cadáveres nos quais Kay investiga e com os quais ela se identifica, e os programas de informática que Lucy concebe, Lucy que é uma parte da máquina e vice-versa. Ressaltemos que tanto o corpo como o computador são duas superfícies de inscrição e dois lugares de arquivamento.

A grande inteligência de Lucy ("é uma superdotada, um gênio", sustenta sua tia) e sua paixão precoce pelos computadores a conduziram a ser contratada pelo FBI, para criar um banco de dados para seguir a pista de criminosos, que ela batizou de CAIN (Crime Artificial Intelligence Network): "CAIN é um irônico acrônimo para seguir a pista dos criminosos violentos", diverte-se notando Kay Scarpetta. "Só um criminoso pode seguir a pista de outro", lhe retorque a sobrinha.

Os investigadores seduzidos pelos serial-killers

O amor continua sendo o calcanhar de Aquiles de todos esses personagens, o que os torna a um só tempo autenticamente humanos, ao contrário dos *serial-killers* que eles perseguem, mas vulneráveis, capazes de se identificarem com o outro, até mesmo com o assassino, quando por eles não ficam francamente apaixonados. Lucy tornou-se homossexual após ter sido seduzida por uma mulher *serial-killer*, Carrie Gretten; o fiel Marino se apaixona pela mãe assassina Denesa Steiner. Kay Scarpetta, sozinha, resiste e desmascara as intenções manipuladoras desses seres maléficos; ela mata, em legítima defesa, Gault e Denesa Steiner. Benton Wesley (amante de Kay) é morto e mutilado por Carrie e seu novo cúmplice. Lucy mata Carrie.

É, pois, sobre a tela de fundo de uma família nuclear em crise, composta exclusivamente de mulheres, mãe, filhas e neta, que os *serial-killers* vão desenvolver suas atividades criminosas. E é mais particularmente na época do Natal, perfeita festa familiar, festa da natividade, que eles entram em atividade.

Carrie e Gault: os gêmeos maléficos

Os *serial-killers* encontram-se e associam-se através da Internet e sempre se aproveitam de cumplicidades no interior da prisão ou do hospital onde estão detidos. Copiam-se e imitam as assinaturas uns dos outros, ou para dissimular a identidade ou o modo operatório, ou para desafiar a heroína: são assassinos *copy-cat*. Em *Uma pena de exceção*, Temple Gault mata um rapaz imitando a assinatura de um assassino, Waldell, condenado à morte por um crime cometido dez anos antes; em *A seqüência dos corpos*, Denesa Steiner, uma mulher vítima da síndrome de Munchausen, assassina a filha fazendo-se passar por Gault; em *Uma morte sem nome*, Temple Gault mata a irmã gêmea sempre imitando a assinatura de Waldell e se associa com Carrie Grethen; em *Combustion*, Carrie Grethen recrutou um novo cúmplice pela Internet para cometer suas atrocidades.

Os criminosos agem em dupla, imitam-se, duplicam-se. Diante das gerações familiares em crise, eles se recrutam e se reproduzem à maneira de um vírus que se divide em elemento masculino e feminino. Eles reproduzem uma célula gemelar: Gault e Carrie são chamados "os gêmeos maléficos". E a série se repete ao infinito: quando um morre, um outro assume seu lugar. A identidade sexual deles é sempre incerta, ainda mais que jogam com suas semelhanças; eles se permutam: um homem pode esconder uma mulher e vice-versa. A metáfora do vírus é utilizada para descrevê-los, assim Gault nos subterrâneos do metrô de Nova York: "Gault era um vírus. Ele conseguira penetrar em nossos corpos, nossos edifícios, nossa tecnologia". Ele entrou em CAIN, cujo sistema de arquivamento ele desvia, e "passeia no sistema sem deixar rastro". O *serial-killer* de Cornwell é um vírus que rói o corpo social, propagando-se ao longo desse vetor ideal que é a Internet, como faria no sistema sangüíneo do indivíduo. A imagem dada é: "O mal teve uma mutação extrema".

Os casais de assassinos matam na família – Gault mata a própria irmã gêmea e marca-a (eis CAIN de volta); Denesa Steiner, imitando a assinatura de Gault, mata a filha (eis as mães monstruosas e sem afeição) – e matam por toda parte. A razão dos assassinatos está na estrutura familiar e nos traumas de infância. O processo da família nuclear da classe média americana em crise é conduzido através do personagem do *serial-killer*: a família disfunciona, torna-se destrutiva, ela constitui um verdadeiro viveiro do crime.

É a tese sustentada por Maarit Piipponem em sua pesquisa: *(No) more family: reading family and serial Murder in Patricia Cornwell's Gault-Trilogy*[2] : a família nuclear americana está envenenada, infectada, contaminada; é preciso purgá-la de seus vírus, sendo os vírus os desviantes sexuais. Remeto à sua tese, onde ela mostra como Patricia Cornwell constrói uma imagem de *serial-killer* em relação com uma crise de identidade sexual. Ela conclui:

---

2 Título da tese de Maarit Piipponem, sustentada na Universidade de Tamperer, 1999.

"É a cópia que é tratada na trilogia. Os homossexuais são más cópias dos heterossexuais. O crime em série é construído como uma cultura da cópia. O vírus se multiplica e faz cópias de si mesmo, como Carrie se torna a cópia de Gault e seu duplo. Os homossexuais trazem o contágio e a morte na família, pois eles são cópias".

Domínio, enfeitiçamento, jogo de duplo, obsessão. Manipulação, confusão, sedução, os investigadores lançados em perseguição dos predadores são sucessivamente caçadores e presas. Eles estão obcecados, infectados, possuídos pelos assassinos que se desdobram e se multiplicam ao infinito, ao mesmo tempo que os assassinatos não cessam de crescer no tempo e no espaço de maneira alucinante, transbordando as fronteiras da América até a Europa, como revelam as técnicas informáticas sofisticadas que eles utilizam, pois são peritos em manipulações informáticas e psicológicas.

Esses assassinos são leitores: eles utilizam toda a tecnologia moderna para lerem uns aos outros, imitarem-se, copiarem-se. Gault, fazendo-se passar pelo filho de Kay Scarpetta, é assim descrito por uma testemunha: "Às vezes, ele era muito simpático, outras vezes, não muito. Sempre lia algo. Jornais". Assim, o fato de ler relatos de crimes violentos e cruéis infecta os leitores e multiplica o número dos criminosos.

Vemos, portanto, que os efeitos da leitura estão implicados no contágio do crime. Se os criminosos são leitores, será que os leitores também são criminosos? Em todo caso, o crime é uma escrita diretamente sobre o corpo, como vamos ver, e a necropsia, sua leitura.

ARQUIVOS DA CRUELDADE: CENAS DE CRIME, CENAS DE DISSECAÇÃO

Vamos, nesta parte, nos centrar em certas passagens significativas do texto inglês, traduzidos aqui por Anne Owens, para abrir o campo sensorial da crueldade e o imaginário que sustenta o gesto do assassino e o da médica-legista inspetora.

Cenas de crime, escrita nos corpos: a assinatura do assassino

Um palimpsesto macabro. – O primeiro cadáver em *Uma pena de exceção* é o de um rapaz, Eddy Heath, descoberto nu, na época do Natal, quando a temperatura é de dois graus, encostado numa lata de lixo, com o pequeno saco de provisões aberto a seu lado. Suas roupas estão empilhadas na calçada. Ele foi morto com uma bala na cabeça e traz mutilações no ombro e no interior da coxa. Mas ainda não está morto.

Quando Scarpetta o visita no hospital, "*the moon was a shaving of ice melting in the slate-gray sky [...] the early morning was stark and without color, the wind sharp like slap*"[3] . (A lua era um estilhaço de gelo que derretia no céu de ardósia cinza [...] A alvorada era lívida e austera, o vento, cortante como uma bofetada.) "*Shaving*" evoca a lasca de madeira que remete à plaina, às fatias muito finas do presunto de Parma, por exemplo, mas também à expressão "cortar rente", logo, à navalha do degolador. Essa lasca é cor de gelo, logo, a um só tempo frio, duro, e no entanto potencialmente cortante, sobretudo visto a sua forma, ainda que derreta. Ele aliás derrete num céu de ardósia, essa pedra folheada que se desfaz em fragmentos cortantes como lâminas. A alvorada tem as cores ou, antes,

[3] Todas as passagens em inglês foram traduzidas por Anne Owens, que, além disso, escreveu sua tese sobre Shakespeare: "Espetáculo e iconografia no Renascimento. Para uma intertextualidade da imagem shakespeareana", doutorado da Universidade Paul-Valéry, Montpellier, 3 de janeiro de 1996.

a ausência de cores e a austeridade de uma sala de dissecação no necrotério, ao passo que o vento é literalmente agudo, ou, se quisermos, cortante, talhante ou afiado como uma bofetada, isto é, o contato violento de uma mão contra a carne. Estamos num mundo mineral de arestas vivas em que as mensagens visuais estão reduzidas às formas (as cores desapareceram); aliás, essas indicações visuais transformam-se quase imediatamente em informações táteis, todas associadas às dores. O gelo, frio no toque, a ardósia cortante, etc. Assim se abre o campo sensorial da crueldade.

Quando Eddy Heath aparece pela primeira vez, ele está num leito de hospital, ligado a um respiradouro e a um conta-gotas. Está ao mesmo tempo morto e vivo, voltou ao estado vegetal do feto. A descrição se demora em sua "tez leitosa", "sua pele glabra", "a fina membrana de suas pálpebras que brilha de um brilho azulado na penumbra". Essa impressão de uma regressão a um estado pré ou apenas pós-natal é reforçada pela escolha das palavras: a cor "leitosa" (*milky*) de sua pele, evocando o leite de que se nutre a criança que ainda não está inteiramente independente do corpo materno. Essa pele é, por outro lado, "glabra" (*hairless*), "imberbe", e suas pálpebras são comparadas a "uma fina membrana" que deixa ver a rede subjacente dos vasos sangüíneos que evocam esses olhos de recém-nascidos que ainda não se abrem.

O materialismo clínico que Patricia Cornwell empresta ao médico-legista parece suspenso acima desse corpo, por definição surdo, cego e mudo, mas cuja voz se faz ouvir: ele ainda não emergiu desse "frágil estado pré-púbere em que os meninos cantam com uma voz mais suave que suas irmãs". É preciso se lembrar da tradição dos coros de meninos no mundo anglo-saxão, coros cujas vozes impúberes deveriam ter a doçura dos anjos. Eddy Heath não é nem homem, nem mulher. A sexualidade ainda não inscreveu sua marca no corpo (pêlo, mudança da voz), ainda que suas mãos anunciem sua orientação futura, "*gender*", e não "sexo", aliás como esperaríamos aqui, já que o termo evoca a sexualidade como construção social e não como um dado biológico que decorreria da genética. A palavra *fledgeling* (nascente), que se emprega para os filhotes de passarinhos que ainda não deixaram o ninho, remete ainda um pouco mais a esse período de dependência biológica em relação ao lar, "ninho", à casa parental, ao corpo dos pais. Eddy caiu do ninho para acabar entre as mãos do primeiro predador que cruzou o seu caminho. O mundo é uma selva onde os inocentes vão às cegas e onde os predadores frios e espertos espreitam suas presas. Eddy é, por excelência, a vítima "patética". A descrição tem por objetivo ressaltar um enternecimento involuntário na heroína que o contempla, embora sublinhe justamente a incapacidade do assassino de experimentar esse sentimento diante de um homem pequeno.

Eddy está recoberto por um lençol e assim que este é retirado a impressão de angelismo se apaga em proveito do horror: esse jovem corpo foi selvagemente agredido, como se "o menino tivesse sido mordido por um tubarão", o que evoca evidentemente feridas sob forma de mordidas, como se o assassino tivesse usado o corpo e não uma arma para devorar, em vez de para matar Eddy. As feridas geométricas, que lembram essas peças que as costureiras acrescentam ao cotovelo das roupas, foram feitas com um instrumento afiado *sharp*, e o verbo utilizado, "excisado", é a um só tempo próprio e evocativo das mutilações sexuais sofridas pelas meninas em certos países. Entretanto, o palimpsesto não é perfeito, já que ainda se adivinham os entalhes *cuts* e os arranhões *scratches* na periferia da pele excisada, marcas que deviam formar um motivo com certeza legível *pattern*, daí a necessidade de fazê-lo desaparecer.

Empreguei de propósito a palavra "palimpsesto", pois o assassino começou a marcar o corpo, depois apagou os rastros que arriscavam traí-lo. Temos, pois, um duplo movimento, primeiramente uma violência bestial que não reflete, depois, uma vez satisfeitos os apetites animais, uma encenação deliberadamente cínica para embaralhar as pistas.

Scarpetta, em busca do texto original que essas feridas poderiam ter destruído, interroga: "*What about tattoos, birthmarks, scars?*" (Será que ele tem tatuagens, marcas de nascimento, cicatrizes?). Mas a pele de Eddy era virgem antes do assassinato, nem tatuagem, nem cicatriz, nem marca distintiva. "Se não havia nada antes, é que acrescentaram algo, e em seguida o fizeram desaparecer para apagar os rastros". O texto a ser lido está escrito diretamente sobre a pele, depois apagado. A criança não traz nenhuma marca, ela era virgem como uma página branca. É uma página branca agora profanada por uma escrita que é a assinatura do assassino. Temos a impressão de que o assassino preparou o corpo para Scarpetta, colocando-a no desafio de reconstituir a mensagem apagada. Tudo se passa como se ele tivesse inscrito uma espécie de texto, de "poética" cruel, interpretável, simbólica, sobre o corpo de Eddy. A pele de Eddy dá muitas informações sobre a pessoa que o matou. É apoiando-se nessas informações e outras recolhidas ao longo da necropsia que Scarpetta vai seguir o rastro.

Uma palavra ainda sobre esse corpo de criança pré-púbere tornada novamente recém-nascida, que ainda não traz as inscrições da sexuação, mas as da selvageria humana: identidade sexual e selvageria estão aqui associadas. O palimpsesto é de imediato ligado à inscrição sexual.

O sangue vermelho-vivo sobre a neve. – Uma morte sem nome, a terceira parte da trilogia inaugurada pela descoberta do corpo de Eddy Heath, começa com a descoberta do cadáver de uma jovem mulher desconhecida encontrada no Central Park, nua, encostada numa fonte coberta por uma camada de gelo, no Natal do ano seguinte; a jovem mulher tem a cabeça raspada. Mas desta vez a investigadora compreendeu que "o objetivo de Gault não é erradicar as marcas de mordida, mas deixá-las como assinatura, para que possamos identificar imediatamente o artista responsável por elas".

Os investigadores descobrem a cena numa noite escura. O assassino obrigou a vítima a se despir numa temperatura de doze graus negativos e a matou em seguida, com uma bala na nuca. O corpo é encontrado congelado, por causa do frio: "O sangue dessa mulher de identidade ignorada manchava a neve". Em diferentes momentos, esse sangue "vermelho-vivo" na neve vai obsedar Scarpetta.

O vermelho do sangue contrastando com a brancura da neve, a nudez contrastando com o frio, como se o corpo nu, recoberto por sua pele, devesse ser colocado em contato com sensações extremas que ameaçassem sua sobrevivência antes de ser abatido. Sem contar a disposição do corpo numa postura idêntica àquela do rapaz, sentada, a cabeça inclinada para a frente, as mãos colocadas sobre os joelhos ou caídas como se fosse uma boneca. Um corpo disposto como se estivesse vivo ou um corpo transformado por uma mente psicopata em boneca. O corpo é desvelado, sentado: o ser da vítima é reificado. Será que o cuidado dado à disposição do cadáver e de suas roupas não prefigura a maneira minuciosa como este vai ser tratado no necrotério? Ou na sala de necropsia? O assassino tem seus protocolos operatórios, como Scarpetta.

Esse sangue sobre a neve, numa noite escura, colocou-me na pista de um dos motivos literários da crueldade, analisado por Roger Dorey em "Essa ponta extrema do gozo, palavras sobre a crueldade"[4]. Ele extrai esse motivo ao observar a sua repetição em *Um rei sem divertimento*, de Giono. Trata-se da imagem constituída por "gotas de sangue vermelho espalhadas sobre a neve e uma brancura imaculada". Tal esquema narrativo já está presente em Perceval o Galês, de Chrétien de Troyes, e é mais antigo ainda, nos lembra

---

4 Roger Dorey, "Cette pointe extrême de la jouissance...", pp. 99-117.

ele. Desde então, é utilizado por autores que, no entanto, conservam os elementos fundamentais, a saber, a oposição entre a cor escarlate do sangue e um fundo branco representado pela neve, antigamente pelo leite ou pelo mármore. A cor negra aí está sempre associada. Roger Dorey vê nisso "uma formação do inconsciente" ligada a uma estrutura de contraste na oposição das duas constantes do vermelho e do branco, e essa estrutura engendra a "fascinação" dos personagens. Perceval está como que "hipnotizado", a rainha em Branca-de-neve também. Kay Scarpetta está obcecada pela imagem do sangue manchando a neve. O contraste entre a pele leitosa de Eddy Heath e o sangue que corre sobre seu blusão participa desse motivo como a descrição do céu e dessa lua cortante que analisei mais acima. Assim se desdobra o campo sensorial da crueldade.

Se me demoro nesse motivo literário da crueldade, que figura sob formas abastardadas em Patricia Cornwell, é a um só tempo para extrair a força do motivo literário em sua arte de sugestão de um momento de vacilação do sujeito e porque o texto de Cornwell, saturado de sangue e de cadáveres, apela em excesso para esse motivo. Eis o que escreve Roger Dorey:

> O gesto cruel é abertura do corpo por rasgo da pele, ele é corte, quebra, fratura. É uma abertura do corpo por rasgamento da pele, arrombamento que põe brutalmente em comunicação o dentro e o fora, o quente e o frio que se encontram nas bordas da ferida. O ato de crueldade é, de maneira deliberada, como que por uma espécie de profanação, a abertura sangrenta do envelope corporal a causar o jorro da substância vital até ali contida em estritos limites.

A crueldade se exerce sobre o outro através da representação produzida. O assassino cuida dos detalhes até aquele saquinho de provisões aberto depositado ao lado do corpo de Eddy Heath, "esses detalhes que o tornavam tão real", saco aberto que retoma o tema da abertura do envelope corporal que extraímos mais acima. O espetáculo nas duas cenas de crime insiste na nudez, na fragilidade da pele no arrombamento cruel, e na total vulnerabilidade do corpo nu exposto à mordida do frio. Freud liga a pulsão de crueldade às zonas erógenas e a "toda a superfície epidérmica"[5]. Ele dá uma grande importância às sensações térmicas, e vimos que o texto de Patricia Cornwell insiste nesse campo sensorial. Para Roger Dorey, "a ruptura atinge a função de envelope continente e unificante do Si, da mesma forma que a sua função de interface", isto é, de "barreira protetora do psiquismo" e a sua função de comunicação, isto é, de "filtro das trocas e da inscrição dos primeiros rastros". Teremos reconhecido aqui a teoria do *Eu-pele* de Didier Anzieu. A experiência da crueldade representa "a reativação, a reatualização dos rastros significantes deixados pela comunicação originária entre mãe e filho", "comunicação direta, não midiatizada, de pele a pele". É nesses arquivos que se instrui a crueldade.

Disso é testemunha o momento de suspensão dos dois investigadores ao descobrirem o espetáculo: "Eu estava perto de Westley, nossos braços se tocavam como se tivéssemos necessidade do calor um do outro [comunicação direta de pele a pele]. Ele não disse uma palavra [essa comunicação é muda]. Senti seu ombro se levantar quando ele inspirou profundamente, depois se alojar de novo mais pesadamente contra o meu [a respiração dá acesso ao afeto que separa antes de voltar à troca originária dessa díade momentaneamente reconstituída pelo espetáculo da crueldade]".

[5] S. Freud, *Trois essais...*, p. 100.

Cenas de necropsia

Vou agora abordar o gesto cirúrgico da necropsia sob o ângulo do parentesco entre o ato do médico-legista e o do assassino, embora esse ato conduza à historização do crime. A crueldade também está em outro lugar, no fato de que cada dissecação é vivida por Scarpetta como uma repetição do assassinato, e de uma certa maneira seu sofrimento é a garantia de sua humanidade. Mesmo assim, a violência da necropsia sugere a violência da historização e da representação. Scarpetta prossegue, pois, o trabalho inquisidor e, como o assassino que se busca na mutilação da vítima, ela acaba encontrando-o ao terminar o interrogatório começado por um amador.

Patricia Cornwell assim se explica sobre sua heroína: "Kay Scarpetta é uma missionária, um sacerdote para ajudar as pessoas que não têm o poder, ela não pode ressuscitar as crianças, mas entende a linguagem dos mortos e pode fazer com que falem"[6].

A heroína sabe, pois, "fazer os mortos falarem". Numerosas confidências do personagem nos romances insistem nessa relação particular com os mortos "*who complained with silent tongues*" (que se exprimem com vozes silenciosas). "Eu estava acostumada com testemunhas que não falavam com mais ninguém a não ser comigo". Ela "se preocupa com os mortos", "aqueles que se queixavam sem uma palavra". "O necrotério é o único lugar onde um corpo pode enfim se exprimir sem constrangimento. Só lá é que alguém se preocupa realmente com todas as feridas infligidas". A morte é seu sujeito, ela a escuta e a lê, ela a traduz para os leitores, explicando científica e racionalmente a origem das feridas. E, às vezes, força os mortos a falar: alguns "cooperam pouco" e ela tem que exer-

---

[6] Patricia Cornwell, "Kay Scarpetta Would Get Though on Young".

cer uma violência sobre esses corpos, para revelar-lhes o segredo. Ela se instaura como médium e tradutora da linguagem dos mortos. Como um escriba sobrevivente, ela sabe como ler os corpos – ou como fazer a morte falar – e decifra neles a história do assassinato, das mutilações, das torturas e da violência. Se ela faz com que falem através do corpo, é que os corpos deles tornam-se lugares de escrita e de leitura. É sobre essas ruínas violentas que uma identidade é formada.

A necropsia de um criminoso. – *Uma pena de exceção* começa por duas cenas de necropsia: a de um criminoso que acabam de enviar à cadeira elétrica e a do jovem Eddy Heath. O corpo do criminoso é esperado e, nos diz a romancista, "Suzanne (sua assistente) afiava uma faca comprida". Waldell morreu há vinte e dois minutos, o médico percebe "os eflúvios de sua transpiração, de seus pés descalços e sujos assim como um vago odor de carne queimada". O corpo está muito quente no toque, "Waldell estava tão macio quanto em vida, poderíamos imaginar que estava adormecido". A descrição dessa necropsia reduz rapidamente esse corpo a órgãos retirados sucessivamente e que são pesados, coração, fígado, estômago, ela acaba assim: "Coloquei o estômago sobre a prancha de corte". Waldell, o criminoso cujo assassinato Kay Scarpetta vai reconstituir no final do romance, é rapidamente reduzido a uma carcaça vazia e a uma justaposição de órgãos esparsos. Aqui, o relato dessa necropsia, realizada sem paixão (é uma encomenda institucional, não há nada de particular a procurar nesse corpo), sob pretexto científico, deixa aparecer a atividade carnívora da retalhação da carne [*chair*] e a satisfação de reduzir o ser humano ao estado de carne [*viande*]* que é cortada. Essa satisfação não

* O francês distingue *chair* [carne humana] de *viande* [a carne que se come]. (NT)

esconde uma pulsão carnívora que Scarpetta partilharia com o assassino, mas que ela conseguiu sublimar para exercê-la num ato legal, sem atentar contra a vida do sujeito? Mas podemos então nos perguntar se Scarpetta não é uma espécie de carniceiro, ao passo que o assassino seria o caçador, uma espécie de felino magnífico da crueldade. Em todo caso, é bem perto dessa pulsão carnívora que emerge a pulsão detetive.

A necropsia da vítima – O mistério principal de *From Potters' Field (Uma morte sem nome)* é a identidade da vítima de Gault, que foi apelidada de Jane Doe (como todos os cadáveres femininos anônimos na linguagem codificada dos americanos) e que foi encontrada no Central Park. Scarpetta descobrirá que essa vítima é na verdade a própria irmã gêmea do assassino que se chama Jayne Gault.

O corpo de Jane é primeiramente assimilado a uma paisagem, que ela descreve em termo de natureza: relevo do corpo, planície plana de seu ventre, encostas suaves de seus seios, ele está de certa maneira entregue à natureza, e esse gesto é como que um primeiro gesto de embalsamamento. Depois "trabalhamos no escuro durante mais de uma hora. A mulher se revelava a mim centímetro por centímetro: à medida que explorávamos seu corpo em profundidade, eu compreendia cada vez mais coisas, ainda que seu mistério ficasse mais espesso". A necropsia é revelação do mistério do ser humano, entrada em comunicação com a morte: *"We continue our excavation of this women who seemed to be in the room with us"* (Jane "parece estar na sala conosco"); ela está ali a um só tempo como cadáver e como ser. A palavra "escavação" remete ao trabalho do arqueólogo, mas também ao violador de sepultura, aquele que desenterra os corpos, e ao mineiro que remexe as entranhas da terra em busca de um tesouro. A palavra sugere que o objetivo da necropsia é desenterrar (*to dig out*) essa mulher de seu corpo, ir por trás da superfície visível do corpo, no interior do corpo para trazê-la à luz. Através dos atos de desmembramento, a necropsia torna-se um processo de criação ao fim do qual será possível identificar Jayne Gault em Jane Doe, trazer à luz Jayne em vez de Jane. A similaridade e a diferença entre os dois prenomes aponta o trabalho da representação na narração, a transformação de um corpo anônimo em história[7].

É todo o desafio da investigação e da narração: como um cadáver anônimo acaba contando uma história e como a história do crime é justaposta à história da investigação. Ao fim da investigação, Kay Scarpetta reconstituiu a identidade e o ser da vítima e lhe dá novamente lugar na cadeia dos vivos e dos mortos: Jayne vai escapar à fossa comum, "Potter's field", e ser enterrada junto a seus pais no cemitério da família.

A necropsia torna-se um processo de criação, o engendramento de uma identidade a partir de ruínas. A palavra com freqüência empregada pela narradora é "ressurreição": os assassinos desfazem a vida humana e constroem o crime-Criação. Ela desfaz essa criação para recompô-la.

A pulsão detetive triunfante elegeu o corpo, a superfície e o interior do corpo, as entranhas como lugar de investigação, e é bem perto do que chamei a "pulsão carnívora" que se desenvolve a pulsão de investigação que conduz a heroína, e os leitores atrás dela, à historização e à construção narrativa. *"I spend my every waking moment picking up the pieces of the lives destroyed by evil people"* (Passei a metade de minha vida recolhendo os pedaços das vidas destruídas por gente maléfica). A trama de cada romance é inaugurada por esse gesto de Ísis que recolhe, coleta, e rejunta "pedaços de vida destruída".

---

[7] Cf. a tese de Maarit Piipponem.

Da cicatriz (Scar) à escrita

Scarpetta trabalha sobre corpos mutilados, marcados e violentados, e seu próprio nome está ligado a esses corpos mutilados. Scarpetta significa em italiano "sapatinho", em francês, as sonoridades evocam por seu choque um instrumento cortante, o escalpelo da heroína. Em inglês, *"Scar"* significa "cicatriz" e, se decompusermos o nome da investigadora, ele designa alguém "*who pets scars*", que acaricia as cicatrizes. A cicatriz é o rastro, o sinal visível de uma passagem do exterior para o interior, marcando um violento ponto de colisão e de arrombamento. "*Scar*" indica a permeabilidade do corpo no exterior e designa a pele como limite do corpo, ponto de abertura e de fechamento. Em minha leitura, *"Scar"* fecha o envelope fraturado pela crueldade.

E, curiosamente, essa palavra "*scar*" entra na etimologia do verbo "escrever"[8], somos tomados pelo conjunto dos significantes em ação no gesto da incisão e no da escrita. A palavra latina *scribere* (traçar caracteres, compor uma obra) aparenta-se com termos indo-europeus que significam "esfregar", "incisar", o que lembra a origem material da maioria das escritas, gravadas em pedra ou incisadas. Ou seja, as duas raízes indo-européias *sker*, "esfregar", "incisar", e *Gerbh* "cortar, talhar". Essas raízes vão dar, a partir do grego, pelo viés do estilete que incisa a pedra, a palavra "escarificar", que encontramos no nome da heroína, e, a partir do latim, as palavras escriba, escritor, inscrição (ação de inscrever sobre). A raiz *Gerbh* implicada na produção da palavra inglesa "*to write*" vai dar ortografia, grafologia, grafite, parágrafo, gramática, programa, epígrafe. "Escalpelo" liga-se a essa etimologia, pelo viés da palavra *scalpellum* (lanceta) e de *scalpere* (esfregar, cavar), que dará a palavra "esculpir", o escalpelo, instrumento da dissecação, e o escalpe.

---

[8] Segundo Alain Rey, *op. cit.*

A proximidade etimológica do gesto da incisão e do gesto da escrita nos convida a ligar a pulsão criminosa a um arrombamento selvagem. Temos aí um conjunto de significantes que liga a escrita a um violento arrombamento no corpo e à transformação desse corpo em corpo de escrita. Scarpetta acaricia as cicatrizes ao escrever a história dos assassinatos, uma história feita de sangue e crueldade.

INVESTIGADOR, ASSASSINO, LEITOR: O JOGO CRUEL

Vou examinar agora a relação entre a investigadora e o assassino, assim como as metáforas do leitor no texto.

Identificações

As convenções do gênero nos livros de detetive pedem que o investigador esteja numa posição central e que resolva o crime. Ele se identifica de maneira voluntária com o assassino ao longo da investigação e o assassino se identifica de maneira patológica com ele. No caso dos crimes em série, essa identificação conhecida supõe a identificação com uma violência inesperada, imprevisível e selvagem, e ela é uma maneira possível de ler o crime. O investigador pode adotá-la de propósito a fim de antecipar o comportamento do criminoso, ela é correntemente utilizada nas técnicas de criação de perfis. Mas esse esforço deliberado para simular a psique do criminoso a fim de agarrá-lo supõe que o investigador se identifica com um desejo mortífero, se não for com um desejo de assassinato. O que supõe que somos todos assassinos e que só a civilização previne o desejo de assassinato. Remeto aqui a *Considerações atuais sobre a guerra e a morte* de Sigmund Freud: "Não haveria nenhum sentido nem nenhuma necessidade de proibir o assassinato se o homem a isso não aspirasse fortemente. A paixão pelo assassinato é primeira. A moral é uma construção histórica secundária", e mais, já em 1905: "Há impulsos hostis originais: a agressão é uma fonte de prazer de que nos priva a civilização". A destrutividade do humano é explicada por um universal desejo de assassinato.

Scarpetta conduz o leitor na via da identificação voluntária com o desejo de assassinato que se encarna no assassino.

Mas a identificação de Scarpetta com o assassino nem sempre é tão deliberada, e essa dimensão intervém na narração. Em *Uma pena de exceção*, Scarpetta, cuja investigação a leva a fazer os passos do criminoso, é acusada dos crimes de Gault e convocada perante um grande júri. Scarpetta é por certo transformada em vítima que tem de se justificar, mas também está, aos olhos do público, contaminada e associada ao crime.

Em *Uma morte sem nome*, a situação é completamente invertida. É o assassino quem a persegue e a arrasta num jogo de pista cruel em que ele lhe traz cadáveres para submetê-los à sua investigação. Scarpetta vai reconstituir a história do crime, seguindo os rastros que o assassino deliberadamente dispôs, e esses rastros põem em jogo os significantes dela. O restaurante "Scaletta", no qual ela entra espontaneamente por causa de sua consonância familiar, é o lugar para onde ele a atrai para descobrir que foi ali que ele premeditou o crime, fazendo-se passar por seu filho, Kirk Scarpetta, e pagando com o cartão de crédito que roubou dela: "Ele devia ter notado o lugar por causa de meu nome e ter pensado em mim. Eu devia ser alguém em quem ele pensava muito". Ele fala italiano, ou inglês com um sotaque italiano, faz-se passar por um italiano de Verona; ora, os avós de Kay são de Verona; ele roubou dela os escalpelos e os usa para matar e mutilar suas vítimas; ele lhe oferece um caduceu de diamantes, etc. Ele a ameaça em sua casa ao ponto de ela não ter outra solução, segundo seu colega Marino, a não ser abandonar a casa, o carro e mudar de nome para escapar dele; em suma, renunciar à sua identidade como a vítima anônima descoberta no Central Park.

As coisas se aceleram mais quando ele lhe entrega um cadáver no necrotério, o cadáver do xerife Noël. Eis o assassino no necrotério, ele lá mata um policial. Ela abre seu computador, na tela aparecem as letras CAIN, pingando sangue, depois esta mensagem: "A todos os tiras. Se Caim matou o irmão, o que você acha que ele fará? Se o seu *pager* tocar no necrotério, é Jesus quem a chama". Além do mais, o assassino faz humor e faz rir o leitor; de qualquer modo, é o sinal de que uma nova associação está se estabelecendo entre o leitor e o assassino.

Há, pois, violento arrombamento e estupro de todos os espaços, espaços físicos e envelopes protetores, assim como o estupro do espaço psíquico. Scarpetta descompensa e acaba no hospital. O sentido do comportamento de Gault lhe é revelado por uma psiquiatra, a doutora Zenner; ela lhe fala de seu gato Chester: "Chester sai e pega um camundongo. Brinca com ele até a morte. É completamente sádico. E, depois, finalmente, o mata. E faz o que com ele? Leva-o para casa. Sobe em minha cama e o coloca no meu travesseiro. Esse camundongo é um presente que ele me dá". Ela lhe propõe a seguinte interpretação: "Minha hipótese é que o fato de atrair a sua atenção o excita. Ele quer impressioná-la. Quando ele mata alguém, é um presente que lhe dá. Ele sabe que você vai cuidadosamente estudar o assassinato, tentar descobrir cada um de seus rabiscos, quase como uma mãe que olharia os desenhos que o filho pequeno lhe traz da escola. Veja, Kay, a obra monstruosa que ele constrói é a arte dele".

Scarpetta tem um momento de lucidez: "Anna (além disso, a psiquiatra se chama Anna!), você está sugerindo que eu posso ser responsável por essas mortes", mas Anna não está disposta a chegar a isso: "É absurdo você passar a acreditar nisso, vai ser preciso eu atendê-la em meu consultório. Regularmente".

E, no entanto, Scarpetta teve um lampejo de lucidez: os presentes monstruosos de Gault lhe permitem continuar a viver enquanto investigadora e narradora; se não houvesse mais cadáveres, ela não teria mais existência nem como personagem, nem como narradora, e o leitor não teria mais nada para se deleitar. Além disso, é Natal e, se a equipe leitor-investigador for dissolvida, o leitor vai se entediar. Vai ficar só, sem ação, sem paixão, sem divertimento. Assim, é do interesse do leitor que Gault continue a dar presentes a seu ídolo. "É durante as férias que malucos como Gault não têm lugar algum aonde ir nem ninguém para ver. Então, divertem-se sozinhos. E a metade do resto da humanidade tem uma depressão, deixa o marido ou a mulher, dá um tiro na cabeça, etc". E acrescento, a outra metade do resto da humanidade lê romances policiais, os policiais de Patricia Cornwell, para se distrair do tédio. Logo, Gault faz o que tem de fazer: é um bom *serial-killer*.

Se seguirmos Roger Dorey, que segue Giono, que segue Pascal, cuja angústia primitiva do vazio é analisada por Didier Anzieu em *O corpo da obra*, fica claro que o horror do vazio pensado pelo filósofo remete a um sentimento agonístico original de que o espetáculo da crueldade nos arranca, com o qual ela nos diverte:

> O ato de crueldade tem por função primeira criar uma descontinuidade no curso monótono da existência humana. É esta a função da crueldade: ser o supremo divertimento, desde a fascinação do homem da rua por uma "poça de sangue na calçada" até o assassinato de que somos todos capazes, pois em cada um de nós reside o desejo de matar. Assim, para combater o tédio, o homem busca atingir "essa ponta extrema do gozo, esse paroxismo do divertimento" ("Cette pointe extrême de la jouissance...", pp. 99-117).

A leitura de romances policiais cruéis e sangrentos não seria um dos divertimentos eleito por alguns para sair desse morno e poderoso tédio que reconduz de maneira vertiginosa à beira do vazio original? Sobretudo quando ele põe em cena precisamente o jogo cruel.

O jogo cruel do bebê impiedoso

Chego a Winnicott, o jogo cruel e a relação gato-rato e mãe-filho a isso me obriga. Winnicott, em "o desenvolvimento afetivo primário"[9], postula "uma relação objetal de crueldade precoce" em que o bebê se mostra "impiedoso" com a mãe, em que a criança tem "pulsões instintuais e idéias predadoras" e em que ataca imaginariamente o corpo da mãe: "A criança normal sente prazer numa relação cruel com sua mãe, que se manifesta sobretudo no jogo, e ela precisa da mãe porque só dela se pode esperar tolerar a relação cruel mesmo no jogo, pois isso lhe faz realmente mal e a esgota, e ele acrescenta que "ninguém pode ser impiedoso após o estádio seguinte", "exceto num estado de dissociação". E vou tentar esforçar-me em acabar de lhes demonstrar que é a esse jogo cruel que intervém muito precocemente no desenvolvimento do indivíduo que Patricia Cornwell convida seu leitor.

Assim, o leitor sente prazer em se identificar com o funcionamento psíquico do assassino que está penetrando os espaços interiores e exteriores da investigadora, suas diferentes peles e até o envelope sonoro de seu nome; ele pode disso gozar e com isso se divertir, ainda mais que sabe que uma heroína em série não pode

---

9 Donald Winnicott, "Le développement affectif primaire".

morrer, é um personagem imortal, é o que conduz o prazer "sádico" da leitura.

A pulsão de crueldade é uma pulsão parcial, explica Freud, o sadismo diz respeito ao objeto total. Eis o que diz Dominique Cupa, em "A crueldade do arrombamento"[10]:

> A crueldade em sua versão objetal pode aliar-se ao domínio e sexualizar-se para tornar-se crueldade sádica ou crueldade masoquista. Ela é busca do gozo com os limites, os diferentes envelopes do eu-pele, atacando-os, rasgando-os, arrombando-os.

É claro que o leitor também dispõe da identificação masoquista com a vítima, que vai ser redobrada pela identificação de Kay Scarpetta com as vítimas. E, é claro, ele é movido pela pulsão de investigação, que é uma pulsão erótica que o faz suportar essas identificações mortíferas, mas no seio de um jogo cruel e consciente em que o autor critica o leitor. Há numerosas metáforas do leitor. Vou tomar uma: CAIN.

Metáfora do leitor: CAIN

Lucy foi contratada pelo FBI para criar um sistema informático para seguir a pista dos criminosos violentos. Ela o batizou de CAIN e, tal como repete sua tia, ela é "o criador de CAIN". Ela engendrou CAIN. Mas Gault infiltrou-se em CAIN, e eis que CAIN "desobedece" a Lucy, "é como se CAIN tivesse começado a pensar sozinho" e a criatura, tal como o monstro de Frankenstein, se voltasse contra seu criador e começasse a fazer estranhas perguntas aos policiais:

---

[10] Dominique Cupa, "La cruauté de l'effraction", pp. 21-36.

> CAIN estava interessado pelo detalhe das mutilações. Ele queria saber quais eram as partes do corpo cuja pele fora excisada e que gênero de instrumento cortante fora utilizado. Ele queria saber se tinha havido violências sexuais e, se tal fosse o caso, qual era a natureza da penetração: oral, vaginal, anal ou outra... Ele quer conhecer a cor dos pelos pubianos do agressor" (*Une mort sans nom*, p. 119).

Em suma, CAIN quer detalhes picantes, para deles gozar. Aliás, os *serial-killers* sempre pedem fotos de assassinatos e de necropsia, para deles gozar de modo perverso.

Podemos entender as perguntas de CAIN como as perguntas de Lucy, seu criador que pede uma iniciação sexual, como as do assassino com o qual Lucy se confunde, já que seus colegas pensam que é ela o vírus (da mesma maneira que sua tia era suspeita dos crimes de Gault). Lucy vai ser assim batizada de sangue, de sexo e de crueldade e, como vêem, ela é curiosa e quer saber muitas coisas. E é Gault quem coloca as questões no lugar de Lucy, da mesma maneira que ele cumpre os desejos de Scarpetta. Mas essas questões também são atribuídas ao leitor, que se vê assimilado, por seu gosto pelo macabro, ao *killer*. Em Patricia Cornwell, os leitores de relatos de crimes violentos são criminosos. A leitura da violência é assimilada à violência criminosa. Encontramos a advertência de Lautréamont: o leitor tornou-se "feroz como o que ele lê". Talvez seja por isso que Patricia Cornwell coloca-se de imediato fora de jogo no nível da leitura, já que ela tem a cara-de-pau de declarar: "*I can't read sad, scarry, or violent books*" (Não posso ler livros tristes, assustadores ou violentos).

Vemos aqui, portanto, que o leitor é trazido para uma posição difícil, "sadizado", anulado, destituído de suas posições heróicas e narrativas: ele se vê atribuir a curiosidade perversa, monstruosa e malsã do assassino. Ele só tem, pois, como única solução, identificar-se com a "boa" Scarpetta que resolve o enigma e sempre vence o mal, com a todo-poderosa Scarpetta que reina sobre os mortos e sobre os vivos, com a divina Scarpetta, a mulher do escalpelo.

CONCLUSÃO

Vimos que a pulsão de crueldade se manifesta nas duas vertentes complementares representadas pela investigadora e o assassino, como pulsão de arrombamento sangrento do envelope corporal e pulsão carnívora que desmembra, recorta, dilacera o envelope e o interior do corpo para dele arrancar o mistério. Essa crueldade primitiva, que a narração de Patricia Cornwell mostra de modo cru, é sustentada por numerosas metáforas de arrombamentos físicos e psíquicos, por imagens de penetração violenta ou insidiosa que resulta de uma aliança mais tardia da pulsão de crueldade com o sadismo e o masoquismo. Observamos essa aliança no jogo cruel do autor e do leitor, que só faz redobrar o do assassino e da investigadora ao deslocar a identificação do leitor.

Longe de se desviar respeitosamente da "contemplação augusta da face materna", as leitoras são convidadas a penetrar mais adiante e, de ferocidade em compaixão – a cada uma sua aliança –, a explorar longamente, com a ajuda do escalpelo da heroína, o enigma da vida e da morte. A aliança quase indecente do Cru e do Cruel indica aqui que um limite foi passado, que aflora algo que devia ficar ob-cena [*ob-scène*].

Os romances de Patricia Cornwell dão representações a fantasias que se enraízam na pulsão primitiva de crueldade. O espetáculo das cenas cruéis vem reativar os rastros arquivados dessas inscrições originárias. Mas então por que as leitoras, mais que os leitores, se divertem com essa cenografia violenta? Julia Kristeva, em "Retrato de um assassino"[11], formula a seguinte hipótese: "Bem antes de se paramentar com a máscara da sedutora, a menina é um corpo arrombado pela intrusão melancólica e gulosa de sua mãe, de seu pai, às vezes dos dois, em toda inocência. Essa crueldade a trabalha sem descanso sob a maquilagem da feminilidade erótica, ao passo que o menino disso se evade mais facilmente para recompensas fálicas".

Não poderíamos afirmar que os rastros desse arrombamento primitivo são sem cessar solicitados nas mulheres que o destino anatômico predispõe a serem duplamente arrombadas, pelo homem, no momento do ato sexual, e pela criança, no momento da colocação no mundo? Da desfloração à fala que condena Eva a parir na dor, as mulheres vivem com o espetáculo mensal do próprio sangue derramado (em inglês, o nome familiar para as regras não é "*the curse*", a maldição?). Talvez seja por isso que o imaginário do arrombamento, poderosamente erotizado aqui pelo escalpelo da investigadora, é mais cru e mais penetrante nelas, daí o prazer e o pavor que elas sentem, a ciência que elas têm igualmente das encenações cruéis.

---

[11] Julia Kristeva, "Portrait d'un tueur".

MICHÈLE BOMPARD-PORTE

A impossível crueldade

Nas *Atualidades sobre a guerra e a morte*, redigidas e publicadas em 1915, Sigmund Freud sugere que os desencadeamentos coletivos de crueldade admitem uma elucidação metapsicológica. Ele a realiza em parte em *O Eu e o Isso* [*Le Je et le Ça*]. Entretanto, também começa a sugerir que essa disposição psíquica introduz um paradoxo, porque em geral escapa, por razões intrínsecas, à elaboração psíquica, e até ao simples reconhecimento. Começaremos evocando esses ganhos e essas dificuldades.

A história, inclusive a da guerra de 1914-1918, ensina, além disso, que a seqüência temporal segundo a qual a crueldade se desencadeia após um episódio de terror, de pânico ou de angústia é freqüente. Após termos proposto uma elucidação metapsicológica desse "topos" em história e em filosofia política, tentaremos transpor-lhe os resultados em psicologia individual. Aí, certos motivos dos medos, terrores e angústias diferem conforme o gênero. A diversidade das manifestações correlativas da crueldade, conforme a posição psíquica que cada um assume, para com a alteridade dos sexos, deveria ser esclarecida. Porém o ato cruel implica uma regressão psíquica aquém da elaboração da alteridade dos sexos. Assim "a crueldade no feminino" será colocada em questão: existem enunciados de alcance universal referentes a ela, ou, então, suas manifestações específicas são sintomas das culturas em que ela se desenvolve?

Comecemos por reconhecer algumas dificuldades. De novo Sophie de Mijolla-Mellor convidou-me a evocar a crueldade[1], no feminino desta vez, e como não lhe testemunhar primeiramente minha gratidão, já que, assim fazendo, ela me dá a oportunidade de aprofundar meu trabalho? Não publiquei, há algum tempo, uma obra intitulada: *Da crueldade coletiva e individual. Singularidades da elaboração freudiana*[2]? Entretanto, de novo, a convicção de não ter nada a dizer surgiu, com o sentimento de estar vazia e, no entanto, em dificuldade, como no momento de redigir *Milhões de cadáveres nos armários.*

Freud examinou a fundo a questão metapsicológica da crueldade, eu me repetia, ela está elucidada, tanto no que diz respeito à ontogênese quanto à filogenia. Contentei-me em comentar seu trabalho, munida de alguns instrumentos teóricos atuais, e, se encontrei a crueldade, não era de propósito, num sentido; agora não tenho mais nada a dizer sobre isso. Era esta a minha disposição quanto à perspectiva de trabalhar "a crueldade no feminino".

Além disso, eu pensava ainda, não tenho competência particular quanto à crueldade no feminino, exceto se entrar na dinâmica coletiva evocada pela estátua da deusa anatoliana[3]. Trata-se do

---

1 Eu havia redigido, em 2002, o artigo "Des millions de cadavres dans les placards" a convite de Sophie de Mijolla-Mellor, para o nº 81 de *Topique*, intitulado *Guerre, mort et terreur*, publicado em 2003.

2 *De la cruauté collective et individuelle. Singularités de l'élaboration freudienne*, Paris, L'Harmattan, 2002.

3 A reprodução dessa estátua ornava o programa do colóquio que essa obra prolonga.

matriarcado, um dos três esquemas de dinâmica coletiva que Freud distingue e estuda. Segundo o mito científico da horda primitiva, o matriarcado sucede ao assassinato do arquipai. Esse regime coletivo implica que morte e nascimento são equivalentes; enterram-se os grãos para que produzam outros; ora, a fecundidade é central nesse coletivo. As trocas aí procedem da prova pela visão, mais geralmente, da magia. Assim, assassinatos e sacrifícios humanos são correntes num grupo em que a dinâmica matriarcal é eficiente – pensemos nos devotos de Kali, na Índia, mais perto de nós, na orgia assassina que o tráfego nas estradas organiza há algumas décadas. No entanto, esse tema não será mais evocado aqui; ele é notado como uma abertura, até mesmo um referencial possíveis[4] nas pesquisas sobre "a crueldade no feminino".

No entanto, ele permite introduzir uma questão de terminologia e de ponto de vista. Há "crueldade" num regime matriarcal? E em favor de quem? A "crueldade" evoca em francês a carne crua. "Cruel" provém do adjetivo latino *crudelis*, "que faz correr sangue, compraz-se no sangue, impiedoso", derivado de *cruor – oris*, a "carne crua, sangrenta". Esses termos provêm de um radical avesta, *xru* –, "carne sangrenta", que encontramos no grego e em numerosas línguas européias. No entanto, não consideramos "cruel" quem come o bife "mal passado"; a origem dessa expressão quase antonímica não é clara, aliás[5] . Por outro lado, quem come o semelhante, mesmo cozido, nos parece de uma grande crueldade. Nossa "crueldade" parece tão dependente das culturas que seu estudo psicanalítico arrisca ser difícil.

---

[4] A dinâmica matriarcal, sobretudo elucidada por Freud em 1934-1938, 1939 *a*, *O homem Moisés e a religião monoteísta*, é apresentada em detalhe em M. Porte, *Pulsions et politique*, e resumida, por exemplo, em M. Porte, "Les preuves selon la psychanalyse...", pp. 135-153.

[5] A. Rey *et al.*, *Le Robert*. [O francês diz bife *bleu* (azul) quando o quer bem sangrento. (NT)].

Para restringir o problema, vou por um momento me limitar ao sentido de um dos nomes alemães da crueldade: "prazer pelo assassinato", "prazer de matar", *Mordlust*, sejamos claros, prazer de matar o semelhante, depois, por deslocamento e generalização, prazer de matar todo ser vivo. Amplio a significação até essa definição da crueldade que encontramos em Freud, "o prazer sentido na dor", *die Lust an Schmerz*, escreve ele em 1905[6], sublinhando a ambigüidade da crueldade, que incluiria o fato de fazer sofrer e o de viver o sofrimento.

O "PRAZER DE MATAR", *MORDLUST*: ESBOÇO METAPSICOLÓGICO

Eu havia abordado a *Mordlust* quase sem saber. Com efeito, eu dava nascimento a essa quase-metade da obra de Freud dedicada à inteligibilidade dos processos psíquicos coletivos. Ora, após ter elucidado a dinâmica *libidinal* das massas, e a do Eu [*Je*], em *Psicologia das massas e análise do Eu* [Je] (1921 *c*), Freud prossegue a investigação dos processos psíquicos coletivos, em *O Eu e o Isso* (1922, 1923 *b*). É este seu julgamento *a posteriori* sobre esse ensaio, formulado na "*Auto-apresentação*" (1924, 1925 *d*). Como sabemos, *O Eu e o Isso* é, no essencial, dedicado à construção da instância do super-Eu [*sur-Je*] e, assim fazendo, à crueldade coletiva e individual: foi esta a minha opinião após estudo, e o título de meu livro.

Freud elucida de que maneira a prematuração específica assim como a dependência prolongada em relação aos adultos con-

---

6 1905 *d, Drei Abhandlungen zur Sexualtheorie (Três ensaios sobre a teoria da sexualidade)*. *GW* V, p. 56. Tradução minha.

duzem à situação singular dos humanos, entre os mamíferos: na espécie humana, a presa, o predador e o objeto sexual são o mesmo objeto, o semelhante. Esta última constatação nada tem de muito novo. Há mais de vinte séculos, Plauto (254-184 BP) escrevia "*Homo homini lupus est*", e a frase virou provérbio. A dimensão sexual figura no apotegma, porque o nome *lupa* designa apenas a "prostituta"[7].

Em *O Eu e o Isso* e outros textos, Freud desvela, além disso, a dimensão narcísica da *Mordlust*, ligada à sua ontogênese na pequena infância. Já em 1915, ele notava:

> Sim, nosso inconsciente assassina até por pequenas coisas (*Kleinigkeiten*); como a antiga disposição legal ateniense de Dracon, ele não conhece para os crimes nenhuma outra punição a não ser a morte, *e isto, com uma certa conseqüência, pois todo dano ao nosso Eu* [Je] *todo-poderoso e soberano é no fundo um* crimen laesae majestis.
> Assim somos, nós mesmos também, se nos julgarem de acordo com as nossas moções inconscientes de desejo, como os arqui-humanos, um bando (*Rotte*) de assassinos[8].

Em seguida, à medida que a investigação do Eu [*Je*] e de suas dependências se afina, a metapsicologia da crueldade se precisa. Freud acaba mostrando isto: por um lado, somos assassinos segundo o inconsciente, e a repressão da passagem ao ato é em todos instável, esses resultados são adquiridos desde 1915; por outro lado, nosso aparelho psíquico é construído de maneira que desconheça-

---

[7] Os latinos chamavam "a loba", *lupus femina*; nossos "lupanares" conservaram o sentido sexual do âmbito de significação de *lupus*.

[8] 1915 *b*: *Zeitgemässes über Krieg und Tod*, GW X, p. 323-355 (no caso, p. 351, sublinhado por mim). *Actuelles sur la guerre et la mort*, *OCP* XIII, pp. 125-155.

mos essa disposição intrínseca à crueldade, o que o agrava, trabalho efetuado em 1922, em *O Eu e o Isso*; enfim, nossas culturas monoteístas (acrescento, e a cultura científica que se segue) ampliam essa disposição cruel, em vez de permitir a pouca domesticação de que ela é suscetível; aqui, três obras devem ser citadas: *Futuro de uma ilusão* (1927 *c*), *O mal-estar na cultura* (1929, 1930 *a*), e *O homem Moisés e a religião monoteísta* (1934-1938, 1939 *a*).

A CRUELDADE RECUSADA

Não iniciei evocando o silêncio que tomou conta de mim, como sempre que fui chamada a tratar da crueldade, para entrar numa confidência. Constato apenas, com Freud, que a recusa de reconhecer a nossa disposição para a crueldade é intrínseca, o que quer que a história e a vida cotidiana nos exponham diante dos olhos[9].

A existência do super-Eu [*sur-Je*] implica, com efeito, que o exame da pulsão de crueldade não seja autorizado. Quem aí se aventura comete uma transgressão. Freud nota isso desde o *Zeitgemässes*, sem que o termo super-Eu [*sur-Je*] seja evocado nessa

---

9 Essa recusa, até mesmo essa impossibilidade são profundas. Assim, durante o processo de Bruxelas, abril-junho de 2001, intentado contra quatro ruandeses acusados de terem participado ativamente do genocídio de 1994, dentre eles duas irmãs beneditinas, várias testemunhas, psiquiatras, sociólogos, e outros, sugeriram que o fato de reconhecer seus crimes poderia matar aqueles que os haviam cometido. (O programa "Ruanda: um genocídio esquecido?", realizado por Mehdi el Hadj e Laure de Vulpian, retransmitiu as minutas orais desse processo, assim como numerosos testemunhos e análises, todos os dias úteis do mês de agosto de 2003, no canal France-Culture, de 11h – 12h.) A hipótese parece verossímil. Ela corrobora a afirmação segundo a qual, em certas dinâmicas coletivas, "vive-se, morre-se e mata-se sem saber disso" (M. Porte, "Les langues des masses selon Freud", *Cliniques méditerranéennes*, 57/58, Paris, Érès, 1998, p. 82).

data (1915): "Com construções como estas [que nos mostram assassinos segundo o inconsciente, e evitando o ato graças a formações reacionais instáveis], a psicanálise na maior parte do tempo não encontra nenhuma crença entre os profanos. Elas são recusadas como calúnias que não entram em consideração quanto às garantias da consciência, e são habilmente negligenciados os pequenos indícios pelos quais o inconsciente também costuma trair-se no consciente"[10].

Mais tarde, Freud lamenta ter subestimado a importância das pulsões de agressão, destruição e crueldade e ter tardado em introduzi-las na teoria analítica. Ele volta atrás na condenação que a apreciação delas provoca nestes termos:

> Lembro-me de minha própria defesa, quando a idéia da pulsão de destruição emergiu primeiramente na literatura psicanalítica, e quanto tempo isso durou, até que eu a ela ficasse receptivo. Que outros tenham mostrado e ainda mostrem a mesma recusa (*Ablehnung*) espanta-me muito pouco. Pois os pobres pequenos não ouvem isso de bom grado, quando é mencionada a tendência inata do humano ao "mal" (*"Böse"*), à agressão, à destruição, e com isso, além do mais, à crueldade. Deus os criou à imagem de sua própria perfeição, não queremos ser advertidos da dificuldade de reunir a inegável existência do mal com seu todo-poder ou a sua toda bondade [...] Diante dessas dificuldades, é, para qualquer um, recomendado fazer, no lugar apropriado, uma profunda saudação diante da natureza profundamente moral do humano; isso o ajudará a obter o favor geral, e lhe será muito perdoado em troca[11].

---

10 *Zeitgemässes* [...], *op. cit.*, *GW* X, p. 352.

11 1929, 1930 *a*, *Das Unbehagen in der Kultur*, GW XIV, 479-480 (*Le malaise dans la culture*, OCP XVIII, pp. 245-333).

Três anos mais tarde, ele retoma o tema assim:

> Mas é notável que essa construção[12] seja, no entanto, sentida por muitos como uma inovação, e decerto uma inovação nem um pouco desejada, que deveria ser de novo eliminada assim que possível. Suponho que um forte fator afetivo (*ein starkes affektives Moment*) se impõe (*durchsetzen*, perfurar) nessa recusa (*Ablehnung*, de novo). Por que tivemos nós mesmos necessidade de um tempo tão longo antes de decidirmos reconhecer uma pulsão de agressão, por que não exploramos para a teoria, sem hesitar, fatos que são expostos em pleno dia e conhecidos de qualquer um? Iríamos com toda certeza encontrar uma resistência pequena, se quiséssemos atribuir aos animais uma pulsão com um tal objetivo. Mas acolhê-la na constituição humana parece criminoso[13]; contradiz muitos pressupostos religiosos e convenções sociais. Não, é preciso que o humano seja por natureza bom, ou pelo menos de um bom natural (*von Natur aus gut, oder wenigstens gutmütig*). Se, na oportunidade, ele se mostrar brutal, violento, cruel, são embaçamentos passageiros (*vorübergehende Trübungen*) de sua vida de sentimento, a maior parte do tempo provocados, talvez apenas conseqüências das organizações sociais inadaptadas que ele se deu até o momento.

---

[12] *Ausfstellung*, apresentada algumas linhas mais acima: "Supomos que existem duas espécies essencialmente diversas de pulsões, as pulsões sexuais, compreendidas no sentido mais amplo, o Eros, se preferirem essa denominação, e as pulsões de agressão, cujo objetivo é a destruição".

[13] *Frevelhaft*, "delituoso, sacrilégio"; de *Frevel*, "delito; infração; erro; crime; sacrilégio"; as OCP traduzem por "sacrilégio", que é justo também.

> Infelizmente, o que a história nos conta e o que nós mesmos vivemos não fala nesse sentido, mas, ao contrário, justifica o julgamento segundo o qual a crença na "bondade" da natureza humana é uma dessas ilusões más (*schlimm*) de que os humanos esperam um embelezamento e um alívio de sua vida, embora na realidade só tragam dano[14].

A continuação do exame do atraso na introdução das ditas pulsões de agressão, destruição e crueldade deixa aparecer o nome comum "pedra angular", *Eckstein*, para significar que sadismo e masoquismo, fenômenos muito enigmáticos, escreve Freud, singularmente o masoquismo, são "o que constituiu para uma das teorias [a primeira teoria das pulsões] o obstáculo [e o que] devia servir para aquela que a substitui [a segunda teoria das pulsões] de pedra angular (*Eckstein*)".

Sem vocação para a análise de Freud, assinalo o curioso aparecimento de Emma Eckstein[15] como pedra angular da teoria que

---

[14] 1932, 1933 *a*, "XXXII. Vorlesung. Angst und Triebleden", *Neue Folge der Vorlesungen zur Einführung in die Psychoanalyse*, GW XV, p. 110 ("Leçon XXXII, Angoisse et vie pulsionnelle", *Nouvelle suite des leçons d'introduction à la psychanalyse*, OCP XIX, pp. 164-194).

[15] Emma Eckstein é a paciente que Freud confia a Wilhelm Fliess, na primavera de 1895, para uma operação do nariz, a pretexto de suprimir sua masturbação persistente; podemos falar de um delírio a dois. Fliess opera Emma Eckstein em Viena, embora não esteja habilitado para isso, e ele esquece um metro de gaze na ferida. Depois de quase sucumbir, a paciente vai ficar desfigurada em conseqüência dessa operação. É ao continuar a trabalhar com Emma, depois desse episódio, que Freud acaba por recusar a tese do trauma sexual-pré-sexual em proveito da eficiência da realidade psíquica e das fantasias (outono de 1897). Emma é um personagem maior do sonho da injeção em Irma e uma das autênticas vítimas da pesquisa freudiana (cf. S. Freud, 1887-1904, *Briefe an Wilhelm Fliess. Ungekürzte Ausgabe*, ed. J. M. Masson, Deutsche Fassung von M. Schröter, Francfort-sur-le-Main, S. Fischer Verlag, 1986).

aceita uma pulsão de agressão, destruição e crueldade. Sua presença talvez transmita a dificuldade de Freud de reconhecer a importância das ditas pulsões de agressão, destruição e crueldade, do lado do próprio super-Eu [*sur-Je*] desta vez.

TRANSGRESSÃO E PARADOXO

Por que há uma dificuldade maior? Por que Freud não emprega termo técnico – recalque, denegação ou rejeição, por exemplo – para evocar essa quase impossibilidade de reconhecer as moções cruéis? De fato, estamos dispostos a pagar caro para não reconhecê-las. Por exemplo, uma boa parte da dor em todo luto. A lembrança de uma jovem mulher vinda ao meu divã após alguns anos de errância volta à minha mente. Ela evocou rapidamente o pai, um homem conhecido, que sofrera ataques à medida de seu êxito social. Ele morrera pouco tempo antes de começar a errância da paciente, de tonalidade maníaca; na morte do pai, segundo seus próprios termos, ela ficara aliviada, tomara-o em si e adquirira assim a sua força. Embora o elogiasse e se revoltasse ao mesmo tempo contra os injustos ataques de que fora objeto, isto se diz: "mas o que eu quero mesmo é acabar com meu pai", lapso para defender. Assim entramos as duas nas peripécias de um trabalho de luto relativamente longo, doloroso, em que deviam ser encontradas tanto a crueldade da filha quanto a do pai.

Freud por duas vezes designa o processo da recusa da crueldade de *Ablehnung*, "recusa, rejeição, recusação". O nome *Ablehnung* significa "separar-se", *ab-*, de um "apoio", *lehnung*. *Ablehnung* é, além disso, uma maneira de anti-escoramento, em linguagem freudiana, já que escoramento diz-se *an-*, "pôr-se contra", *-lehnung*, "um apoio".

Seria possível que reconhecer "a ubiqüidade da agressão e da destruição"[16] e "dar-lhes o lugar que lhes cabe na interpretação da vida"[17] tenham por desafio um desescoramento difícil, nomeadamente a destruição das figuras fundamentais do super-Eu e do apoio narcísico que elas oferecem ao conjunto da vida psíquica?

Passemos por uma figura externalizada de super-Eu [*sur-Je*] para nos aproximarmos mais do "crime" ou "sacrilégio" em causa. Onde estão os estudos e publicações sobre o primeiro criminoso contra a humanidade conhecido? Trata-se do deus da Bíblia. Sucessivamente, com efeito, ele provoca o Dilúvio (*Gênese* VI-VIII), depois destrói Sodoma e Gomorra (*Gênese* XVIII-XIX). Quem trabalha sobre o primeiro genocídio cometido por humanos, repertoriado como tal e prescrito como sagrado? É aquele que o deus da Bíblia ordena a Saul perpetrar, e, como Saul não obedece por inteiro, porque ele não manda massacrar todo Amaleq, como a ordem divina o reclama – "Não o pouparás. Matarás tudo, homens e mulheres, crianças e bebês, bois e carneiros, camelos e asnos" (1. *Samuel*, XV, 3; tradução TCB) –, ele é punido, destituído e substituído por Davi.

Uma vez isso meditado, o deus em questão e seus adeptos, criados à sua imagem, parecem perigosos, autorizados a toda crueldade e a todo genocídio. No entanto, é possível que esse gênero de deus seja recusado (que dele nos desescoremos), e que outra coisa se invente, em matéria de super-Eu [*sur-Je*] coletivo. Essa solução é a das antigas tradições páleo-babilônicas do dilúvio, criadas no século XVIII BP e que se transmitiram durante um milênio, segundo

---

[16] 1929, 1930 *a*, *Das Unbehagen in der Kultur*, GW XIV, p. 479 (*Le malaise dans la culture*, OCP XVIII, pp. 245-333).

[17] *Ibid.*

Jean Bottéro[18] e seus colegas historiadores da antiga Mesopotâmia. Nesse caso, o grande deus pai Enlil, impedido de dormir pelo barulho que os humanos faziam trabalhando, decidiu aniquilá-los. Enviou-lhes sucessivamente diversos flagelos, peste, seca, etc, que seus colegas divinos, antes em posição de filhos e filhas, remediaram para seu grande furor. (Nessa tradição, os deuses e deusas, essencialmente a deusa Bêlet-Ilî, a "matriz", e o deus Enki, inventaram criar os homens para que estes cumprissem, no lugar dos deuses, as tarefas necessárias à boa vida destes últimos; os humanos garantem a produção dos alimentos que os deuses consomem durante os sacrifícios. Assim, Enlil parece de imediato obtuso.) Finalmente, ele envia o dilúvio. Todos os outros deuses e deusas, notadamente Bêlet-Ilî, ficam horrorizados, "prostrados, em lágrimas, em desespero, e na angústia"[19] . O mais engenhoso deles, Enki, consegue salvar um homem, Atrahasîs, o supersábio, sua família e seus animais, num barco de que a arca de Noé é herdeira. Enlil sai mais que diminuído do episódio. A grande deusa contesta seu direito de gozar do sacrifício celebrado por Atrahasîs, uma vez que ele voltou a terra firme. Quanto a Atrahasîs, ele daí por diante sacrifica para Enki assim como para os deuses filhos e filhas, e não para o deus pai Enlil, dorminhoco, assassino e obtuso.

Voltemo-nos para o lado do super-Eu [*sur-Je*] que cada um constrói durante a infância. É uma internalização dos grandes, tais como são imaginados pela criança, todo-poderosos e, ao menos potencialmente, mortíferos.

---

[18] J. Bottéro e S. N. Kramer, *Quand les dieux faisaient l'homme.*

[19] *Ibid.*, p. 573.

> Agora, o que reconhecemos para as pulsões sexuais vale da mesma forma, talvez em medida ainda mais elevada, para as outras, as pulsões de agressão. São aquelas que antes de mais nada tornam dura a vida em comum dos humanos e ameaçam sua continuação; uma limitação de sua agressão é o primeiro sacrifício, talvez o mais pesado, que a sociedade tem de exigir do particular. Ficamos sabendo de que maneira engenhosa esse adestramento do recalcitrante (*Bändigung des Widerspengstigen*) é cumprido. O aperfeiçoamento do super-Eu [*sur-Je*], que puxa para si (*reisst an sich,* usurpa, apodera-se) as moções agressivas perigosas, *traz, por assim dizer, uma guarnição para a praça que pende para a rebelião.* Mas, por um outro lado, de um ponto de vista puramente psicológico, é preciso reconhecer (*bekennen*, admitir, confessar) que o Eu [*Je*] não se sente bem quando é assim sacrificado às necessidades da sociedade, quando tem de *se submeter às tendências destrutivas da agressão* que ele mesmo de bom grado teria posto em ato contra outros. *É como uma continuação deste dilema, devorar ou ser devorado, que domina o mundo vivente orgânico, no âmbito psíquico*[20].

O imperativo "não matarás" procede do que é visto como mortífero, ao menos potencial. Não se deve reconhecer isso, caso contrário o apoio nessa figura do super-Eu [*sur-Je*] faltaria. Ora, fazemos questão disso, já que só a persistência mantém a enfatuação narcísica que autoriza a pulsão cruel, lado Eu [*Je*] também.

Voltei a meu começo. O silêncio é uma *omertà*: "solidariedade entre criminosos". Não quero saber que abrigo, amo, temo e

[20] 1932, 1933 *a*, "XXXII. Vorlesung. Angst und Triebleden", *op. cit.*, p. 118. Esta passagem figura na conclusão.

odeio uma figura do todo-poder mortífero. Assim fazendo, conservo o acesso ao "gozo narcísico extraordinariamente elevado"[21] que a crueldade oferece, ao menos por procuração e por identificação com o super-Eu [*sur-Je*].

Para a maioria das pessoas de minha geração, não se trata apenas do potencial mortífero imaginado pela criança, mas de atos mortíferos cometidos pelas figuras internalizadas como super-Eu. No caso, sou filha de um pai resistente nos *maquis* e de um avô da infantaria na guerra de 1914-1918. Não sou a única de minha espécie, mas parece que começávamos somente a considerar que estamos engajados, pelo menos desde 1914, numa "guerra total", dizem os historiadores atuais, uma guerra contínua, cujos mortos agora se contam às centenas de milhões. Para muitas pessoas um pouco mais jovens, penso em certos pacientes cujos pais fizeram parte do contingente enviado à Argélia, a configuração é a mesma. Nós todos representamos uma boa parte da população francesa e, aliás, da população européia adulta atual!

Assim, afirmo que o trabalho psíquico que consiste em tornar-se capaz de reconhecer a ubiqüidade e a eficiência das pulsões cruéis comporta uma transgressão essencial e paradoxal. Trata-se de colocar em questão e de lado o essencial do super-Eu e, assim fazendo, de perder a maioria das idealizações que organizaram nossa

---

[21] "Mas até ali onde ela [a pulsão de destruição] entra em cena sem intenção sexual, ainda na raiva de destruir mais cega, ele não deixa de reconhecer que sua satisfação está ligada a um gozo narcísico extraordinariamente elevado, no que ele mostra ao Eu [*Je*] o cumprimento de seus antigos votos de todo-poder. Medida e domada, por assim dizer inibida quanto ao objetivo, a pulsão de destruição dirigida para os objetos deve fornecer ao Eu [*Je*] a satisfação de suas necessidades vitais e o domínio sobre a natureza" (*Le malaise dans la culture, op. cit.*, GW XIV, p. 481).

vida psíquica. Um autêntico desescoramento, a palavra é bem encontrada, de toda figura da enfatuação narcísica[22].

Encontramos em que as nossas culturas monoteístas, depois científicas, impedem a elaboração das pulsões cruéis. A enfatuação narcísica nelas é autorizada, até mesmo ampliada, já que, como lembra Freud, somos à imagem do deus único e todo-poderoso. “Dono de mim como do universo”, declama o Otávio Augusto de Corneille, no Palais-Royal, em 1640, ao mesmo tempo que Descartes acaba (1637) de enunciar seu programa científico: “ser como dono e possuidor da natureza”. Depois dele, “como” desaparecerá, a partir de Newton. A demiurgia permanecerá a postura comum dos sábios e de nós todos, de um lado por procuração em relação ao saber sábio, do outro pelo gozo ignaro das técnicas postas à nossa disposição (pensamento mágico em ato).

UM DESTINO DO *ANGST*, A “CRUELDADE NO FEMININO”

A metapsicologia da crueldade está elucidada por Freud, afirmou-se. No entanto, falta um termo, que conduz à crueldade no feminino. A língua alemã propõe sua ajuda, graças ao nome

[22] Ninguém sai indene de um genocídio ou de um massacre, ainda que se tenha limitado a estudá-lo. As testemunhas e analistas citados no programa “Ruanda”: um genocídio esquecido?”, *op. cit.*, todos confirmavam isso, Stéphane Audoin-Rouzeau incluído, especialista apenas da guerra de 1914-1918. Em metapsicologia, o trabalho em causa é o de uma imensa desilusão narcísica, perda das idealizações constitutivas do super-Eu [*sur-Je*], e do apoio neste último. Freud falava desse trabalho no *Zeitgemässes, op. cit.*, cuja primeira parte se intitula “A desilusão da guerra”, *GWX*, pp. 324-340; acreditei poder demonstrar que, em seu caso, o trabalho efetuado não era estável (cf. *Des millions de cadavres* [...], *op. cit.*). Os relatos de nove “Refuznik” do exército israelense, recolhidos em Ronit Chacham, *Rompre les rangs...*, mostram todos, de maneira exemplar, a grandeza e o tempo do trabalho psíquico necessário para reconhecer, contra as injunções do super-Eu coletivo, a crueldade posta em prática contra os palestinos.

Grausamkeit, usual para significar a crueldade. Ele deriva do adjetivo "cruel", *grausam*, que significa primeiramente "que provoca o *Grauen*", isto é, a angústia, o medo, o pavor. A significação de *grausam* mudou para "cruel" no século XVI. Assim, a etimologia alemã sugere que a crueldade possa derivar dos afetos do gênero medo, em outras palavras, o desdobramento da crueldade é um dos potenciais ou dos destinos dos medos, terrores, angústias, etc.

A literatura propõe uma lição idêntica. Dante e Montaigne, por exemplo, desenvolvem o tema em detalhe. São numerosos os historiadores recentes no mesmo sentido: os da Grande Guerra fazem depender o extraordinário desencadeamento da crueldade que inaugurou a guerra de 1914-1918 do estado de pânico, de angústia e de terror – todos esses nomes figuram em suas análises – que tomara conta dos soldados. Eram na maioria camponeses, e a mobilização e em seguida os deslocamentos no *front* foram tão brutais que criaram um estado de pânico. Os homens enviados ao combate eram homens perturbados. Para Jean Delumeau, enfim, parece evidente que o medo, o terror, a angústia e o pânico engendram a crueldade, do ponto de vista dos comportamentos coletivos ligados a *O medo no Ocidente*[23].

Tratar da crueldade coletiva e individual implicaria ser entendido nisso em matéria de medos, terrores e angústias, coletivas e individuais, o que está longe de ser o caso em psicanálise. Essa direção de pesquisa é a que tento tomar, no contexto da investigação dos processos psíquicos coletivos, embora continue a ler Freud[24]. No entanto, está excluído que a via seja explorada bem longe, no contexto de um artigo. Num sentido, Freud mostrou o mesmo caminho que os escritores e historiadores, já que redigiu *Inibição, sintoma e angústia*, sua grande tentativa de elucidação do *Angst* (ve-

---

[23] J. Delumeau, *La peur en Occident* e *Le péché et la peur*.

[24] M. Porte, *De l'angoisse...*

rão de 1925), logo depois de ter construído o super-Eu [*sur-Je*].

O terreno da crueldade no feminino se descobre. Os medos, terrores e angústias parecem ser diversamente modulados no masculino e no feminino. O que poderia ser de alguma conseqüência quanto aos estilos possíveis das crueldades. Entretanto, a crueldade aqui encarada depende do Eu [*Je*]. Ela varia conforme as culturas e conforme a elaboração da alteridade dos sexos que elas impõem. Seria vão buscar enunciados universais nesse âmbito. Além disso, os desencadeamentos de crueldade coletiva arrastam o conjunto de um grupo humano em regressões arcaicas em que a alteridade dos sexos não é mais eficiente – distinções entre os estilos de crueldade conforme o gênero aí não têm muita significação. Em *A Ilíada*, o estilo de crueldade que Hera ou Atenas, por exemplo, usam contra os troianos não é diferente do estilo de Apolo ou de Ares para com os aqueus[25]. Os relatos dos sobreviventes dos campos de concentração nazistas e comunistas também mostram posições que não podem ser distinguidas conforme o sexo entre os responsáveis pelos campos. O genocídio ruandês apresenta uma situação semelhante, ainda que os homens tenham segurado mais o facão e cortado mais as pessoas em pedaços do que as mulheres, por razões culturais anteriores ao momento do genocídio.

Eis aqui, no entanto, uma conjetura relativa à nossa cultura. Por um lado, as meninas pequenas eram com mais freqüência levadas a abandonar as suas pretensões que os meninos, quanto ao narcisismo, isto é, a avançar no trabalho psíquico a esse respeito; por outro lado, elas ficavam mais próximas, na *Wirklichkeit*, o lado externo da realidade, de um atributo do todo-poder conforme a *Realität*, o lado psíquico da realidade, graças à capacidade de fazer filhos, potencial ou atualizada. É possível que os gozos narcísicos

[25] Cf., por exemplo, o Canto XXI, em que deuses e deusas combatem entre si, sem que a crueldade de uns nada tenha a invejar à crueldade dos outros.

das pulsões cruéis daí tivessem sido modelados. Em particular, o feminino, em nossas culturas, teria sido menos inclinado à *Mordlust* em ato que a maneiras de assassinatos por procuração, à distância no sentido da magia; a dinâmica matriarcal indica a mesma via. Como nossas culturas se modificaram profundamente, ao longo dos vinte e cinco últimos anos, a constatação com certeza não vale mais no estado atual. Nem por isso se trata de significar que as pulsões cruéis teriam sido mais bem domesticadas nestes últimos cinco lustros, mas que suas expressões teriam mudado. Pensemos, por exemplo, na "Body Art", sobretudo praticada por mulheres, nestas últimas décadas: poderíamos aproximá-la da síndrome de Münchhausen, mais antiga e com freqüência feminina (em particular, anemias graves, por tomadas de sangue iterativas autopraticadas).

Uma situação não é encarada, no ponto de vista precedente: a das relações mães/filhos, lugar da existência do todo-poder materno em ato. É conhecido que uma boa parte da crueldade no feminino encontra um terreno de eleição nas relações com as próprias crianças. A literatura e os mitos os repetem, de Medéia a *Foguinho*, passando pelo conjunto da obra de Michel del Castillo, etc. O divã também nos ensina.

Uma configuração ouvida várias vezes, identificada em psiquiatria como síndrome de Münchhausen por procuração, apresenta, como numa épura, a crueldade com mediação, nas relações mães/filhos. Trata-se de mães que persuadem médicos e especialistas (em particular ORL), numa relação de conivência de tonalidade perversa[26], que seus filhos sofrem tais ou tais doenças que requerem intervenção. Dois pacientes apresentaram, assim, parassínteses de repetição, na pequena infância, que resultavam da dita síndrome,

[26] Essas mulheres em geral receberam uma formação paramédica: assistentes sociais, puericultoras, enfermeiras, etc. Uma das mães em que penso era médica e convencia confrades.

e tinham sido seguidas de outras invenções maternas igualmente dolorosas. Uma paciente enumerava uma impressionante série de doenças, inventadas pela mãe durante sua infância e a de seus irmãos: "hérnias abdominais", apêndices e outras amídalas requeriam igualmente ablações cirúrgicas, pretensos "pés chatos" impunham o porte de sapatos ortopédicos, "males de fígado" inventados implicavam regimes e medicações diversas, etc. Os pacientes que sofreram esse estilo de crueldade sofriam todos de distúrbios severos nos processos do Eu [*Je*], correlatos das intrusões repetitivas, perpetradas por esse meio.

A criança cai, a mãe lhe dá uma palmada, eventualmente acompanhada de um comentário: "Isso vai lhe ensinar a prestar atenção!". O topos das mães inaptas para elaborar o *Angst*, na relação com seus filhos (que eles caiam no chão, ou doentes), é outra contribuição à crueldade, mais elementar, de que ouvimos numerosos relatos na poltrona. O *Angst* provoca um reflexo de ataque. Como a alternativa entre ataque e fuga parece uma autêntica bifurcação entre os animais superiores[27] , a reação é inteligível, do ponto de vista do terceiro, e geradora, na criança, de confusão entre os obstáculos da realidade exterior e as injunções do super-Eu [*sur-Je*][28] .

---

[27] Cf., por exemplo, os numerosos trabalhos de Christopher Zeeman sobre esse tema, dentre eles *Catastrophe Theory*.

[28] Essa confusão está entre os distúrbios psíquicos difíceis de superar, inclusive durante uma cura psicanalítica. Tudo se passa como se a hiância assim criada entre realidade psíquica e exterior não fosse remediada pelos processos do Eu-real [*Je-réel*] – por mais refinados que sejam, por outro lado. Uma ressonância estável instala-se entre realidade exterior e super-Eu [*sur-Je*] arcaico, provocando uma angústia de gênero psicótico ao menor acontecimento da realidade exterior. Os pacientes em quem a "fontanela psíquica" foi assim aberta podem apresentar um ar (panto-)fóbico, embora a configuração psíquica em causa nada tenha a ver com fobia. A etiologia da "potencialidade psicótica", segundo Piera Aulagnier, resulta desse gênero de configurações (cf. "Le concept de potentialité psychotique" e *Les idéaux féminins*, pp. 143-158).

No entanto, este último exemplo é marcante, já que as formas atuais da crueldade com as crianças parecem antes impedir seu desenvolvimento, inclusive motor. Uma palavra de ordem recente, lançada pelos médicos diabetológicos em intenção das mães (agosto de 2003), mostra isso: "Parem de levar de carro seus filhos à escola!". Essa moda automóvel parece fazer parte de um conjunto de comportamentos "educativos" que entravam o desenvolvimento motor e psíquico das crianças – o tempo passado diante da tela de televisão nisso tem o seu papel. A expansão recente e exponencial da obesidade infantil e da diabete correlativa, na França, exibe uma nova expressão da crueldade no feminino. A fetichização das crianças, amplificada pelos novos sistemas de consumo, combina bem com esses comportamentos.

Geza Roheim havia proposto recentemente a noção de "trauma ontogenético". Tratava-se de um universal, por certo variável conforme as culturas, mas que caracterizava o estilo da educação dos jovens e o modo específico da crueldade que lhes era infligida de maneira sistemática – do ponto de vista do terceiro antropólogo. É evidente que as mães são parte interessada e ator essencial na instalação do dito "trauma ontogenético". Poderíamos esperar que uma cultura – a nossa – que soube reconhecer e explicitar esse fator e sua dinâmica, na humana condição, consiga remediá-lo, ou, pelo menos, elaborá-lo. Com toda evidência, não é o caso. Situação em que se repete, mais uma vez, o impossível reconhecimento da própria crueldade.

BRIGITTE GALTIER

Atentados maternos: a outra guerra em *O sangue negro* de Louis Guilloux

> [...] uma mulher com tudo o que se pode temer sem cessar de amá-la, com sua crueldade e sua obstinação ignorante, sua proximidade e sua reserva orgulhosa que não exclui a traição, longe disso [...][1].
>
> Louis Guilloux, *Carnets*, Paris, Gallimard, 1978, t. 2, p. 406.

Da crueldade feminina, o que conhecem os homens? Eis um discurso masculino, indireto, já que é o de um romancista, sem nenhum eufemismo. É para ser fiel a isso que não recuei em meu título a uma aliança de termos chocante; aliás, teria sido agradecer mal a coragem das iniciadoras desta jornada sobre um assunto ainda um pouco tabu...

Sobre o tema da crueldade, a obra de Louis Guilloux se impõe, obsedada pelo enigma do prazer em fazer ou ver correr sangue. Esse enigma é para ele o de uma clivagem, em cada um de nós, entre o nosso conhecimento pessoal da vulnerabilidade e da angústia do homem e a negação das mesmas em nosso semelhante nas condutas cruéis. Mas só a questão do feminino podia chamar a atenção para o segundo plano, discreto mas insistente, de seu romance de 1935, *O sangue negro*.

[1] Nessa nota de 1966, Guilloux imagina o destinatário sonhado em seus carnês. Depois de Claire, vai se impor para nomeá-la um outro prenome, Viviane. A do mito de Merlim?

Quem o leu com certeza vai ficar espantado com o título que escolhi, pois o que se retém de *O sangue negro* é sobretudo a crueldade da Primeira Guerra Mundial – o cronotopo desse relato sendo um dia do ano de 1917 numa cidade francesa do interior. O leitor também guarda a lembrança de uma figura de assassino inédita, o muito conformista professor Nabucet, e do suicídio de sua vítima, o filósofo Merlin, apelidado Cripure, por sua referência à *Crítica da razão pura* de Kant: nada de feminino aí, à primeira vista é até uma história de homens, de um meio quase que exclusivamente masculino, um liceu de rapazes, com múltiplos casais pai/filho, os estudantes tornados soldados e seus pais, os jovens e seus professores. No entanto, certos traços recorrentes dos personagens femininos despertam o interesse pelas figuras secundárias. Significativamente, aliás, Guilloux, ao contrário dos outros escritores sobre a guerra de 14-18, descreveu a retaguarda, onde ficam as mulheres, não o *front*.

Mas, antes de mais nada, uma palavra sobre a maneira como li esse texto. A representação, em *O sangue negro*, da "miséria psíquica da retaguarda" remeteu-me às observações de Freud no início da mesma guerra, às suas *Considerações sobre a guerra e a morte*. O que me fez descobrir outra coincidência: o personagem Nabucet, criado por Guilloux, parece a encarnação daqueles que Freud descreve em suas *Considerações* sob o nome de "hipócritas da civilização", aqueles que têm uma conduta civilizada somente porque ela serve a seus interesses, mas revelam a sua barbárie em tempo de guerra[2]. Era uma razão para reler, paralelamente a esse romance de Guilloux bem ocultado porque julgado "pessimista demais", o *Mal-estar na cultura*, que tem a mesma fama e só o precede de cinco anos.

2 Ver a esse respeito minha contribuição "Le temps des assassins", em obra coletiva *Dire, écrire, penser la violence*.

O sangue negro, precisou o próprio autor em o "Roga-se inserir" da obra, é "o sangue daqueles que não têm mais senão a aparência da vida", o sangue de mortos-vivos, em suma. Deve ser o efeito de minhas leituras paralelas se esse título de um romance que explora muitas espécies de destrutividade, inclusive a autodestruição, parece-me agora a imagem que veio ao romancista para designar o que Freud conceitua como pulsão de morte.

Só que, ao contrário do *Mal-estar na cultura*, que evoca a destrutividade em geral, o romance dá disso representações bem distinta, no masculino e no feminino. E sem disso isentar, como supunha Freud, "o sentimento de uma mãe por seu filho macho"[3] .

"A VIDA É O TERROR"

Segundo Yves Loisel[4] , biógrafo de Guilloux, este tinha sempre na ponta da língua essa frase de Dostoïevski. No masculino – sumariamente, para podermos nos demorar no outro termo –, a crueldade em *O sangue negro* aparece, por exemplo, nas sevícias infligidas aos prisioneiros de guerra; ela também sustenta a tendência de matar todo rival e a de delegar, do pai ao filho, a agressividade em relação ao estranho/inimigo: os filhos são enviados para matar e ao mesmo tempo expostos a se fazer matar.

No feminino, trata-se de uma forma de atentado, sempre a mesma, que é a ação de uma mãe contra seu filho, ou de uma mulher contra um homem em posição infantil. Com a freqüente cumplicidade da irmã (Guilloux tinha duas, mais velhas), ela se entrega a uma castração real, o que faz com que a guerra esteja

---

3 *Malaise dans la civilisation* (trad. Ch. e J. Odier, p. 67).

4 Y. Loisel, *Louis Guilloux 1899-1980.*

longe de ser a única responsável pelas mil figuras de enfermos e mutilados que povoam esse romance.

Antes de mostrar o protótipo que o livro dá disso, assinalemos o que impõe nele estudar sistematicamente os personagens femininos.

Primeiro, o estado da crítica que, embora note na obra uma temática de fechamento materno, só retém o personagem de Maïa, a companheira de Cripure. Por só ver nesta, como faz, por exemplo, Henri Godard[5], a energia de uma mulher do povo, analfabeta mas bela figura de humanidade, é preciso de qualquer modo tapar os ouvidos à violência das cenas que esse personagem tem com Cripure. Se seu parceiro "não" a acha "má", por isso recebe mais desprezo que respeito, e o gênio que ele reconhece nela é "o gênio da injúria": a arte de ferir.

Em seguida, a escrita, da qual a sátira é uma dimensão maior. Ela faz de personagens de mães seu alvo permanente. Ver, por exemplo, o retrato da Sra. Point, mulher do tabelião e mãe de Simone, exemplo dessas mortas-vivas, pois essas figuras já estão, antes de qualquer luto, de preto.

O texto sobretudo tece sem trégua uma analogia entre as operações militares no *front* e as manobras femininas na retaguarda, sugerindo aí uma segunda guerra igualmente traumatizante. Da mãe e a irmã de Lucien, por exemplo, o narrador diz que "elas ainda não tinham posto as lágrimas em combate, mas estava claro que não ia demorar mais"[6] : as lágrimas são uma arma que entram em combate como um canhão. Ou então é a visão que Cripure tem de soldados condecorados, como os matadores, com orelhas ou outros órgãos do inimigo em vez de medalhas: aos soldados ele

---

[5] Henri Godard, *Louis Guilloux, romancier de la condition humane.*

[6] *Le sang noir* ("Folio", p. 113).

bem rápido associa as mulheres apaixonadas, para as belas Isoldas, faríamos esplêndidos colares com os olhos petrificados de seus Tristãos – "você não me deixará nunca, diga, meu querido, você é só meu [...]"[7].

Por que os olhos? Há o risco, é claro, de eles se virarem para outra, mas eles também evocam as conseqüências castradoras do "elemento agressivo/possessivo da relação"[8], para retomar a terminologia de Sandor Ferenczi em seu *Diário clínico*.

Tudo isso encontra confirmação no plano temático. Assim, o personagem principal, Cripure, tem por verdadeiro nome François Merlin, nome do encantador que, no mito, se fez desapossar de seus poderes e aprisionar por Viviane. O último elemento a desencadear seu suicídio final é a vista de seu manuscrito rasgado pelos dentes de seus cães, dentre os quais o preferido é uma cadela de prenome humano, Mireille (equivalente occitano de Marie, do bretão Maria, e talvez figura desdobrada de Maïa). Enfim, e sobretudo, o romance põe em cena um impulso matricida, sempre discretamente, no segundo plano da intriga: é Simone, dezoito anos, quem, no momento de fugir da casa dos pais, lembra-se de um episódio recente: a mãe, na cozinha, está de costas para ela. Está bebendo uma xícara de leite. Simone chegou. A mãe não se virou. Sobre a mesa – isto é, sob os dedos – uma faca imensa. Uma lâmina de vinte centímetros, triangular. Ofuscação de um segundo: Simone vira o lugar onde enfiar a faca, no meio das costas[9].

Acrescentarei que não há um livro de Guilloux que não apresente um crime feminino, entre outros o da mãe de *Angélina*: para destruir o projeto de casamento de seu filho, ela se serve da filha, a

---

[7] *Ibid.*, p. 306.

[8] S. Ferenczi, *Journal clinique*, p. 171.

[9] *Le sang noir*, p. 221.

quem ela manda caluniosamente espalhar que a prometida teria sido vista com soldados. Um crime perfeito que figura de novo em *O sangue negro*, na história de um amigo de Cripure, Moka, além disso odioso, já que, dessa vez, a manobra para afastar a noiva utiliza e precipita a agonia do pai, desumanidade que suscita no filho um verdadeiro desejo de assassinato[10]. Um outro romance de Guilloux, *As batalhas perdidas*, é construído sobre o paralelo entre a história de uma filha de proletário vendida a uma burguesa e a da esperança de revolução vendida, em 1936, em troca de aumentos de salário.

Quanto aos carnês pessoais de Guilloux, o que ele lá assinalava, em 1934, quando estava terminando *O sangue negro*, é bem eloqüente. Eis uma página.

> – Se você não se comportar, dizia uma avó gorda ao neto de quatro anos, jogo você pela porta.
> É indo para Perpignan. Logo, o menino fica bem comportado.
> E a avó gorda continuou a tricotar.
> Ao fim de alguns instantes, ele diz:
> – Você não vai me jogar, não é?...
> – Se você se comportar bem...
> Novo silêncio. O menino chupa o polegar. Sem parar de tricotar, a gorda avó dirige às pessoas à volta olhares cheios de fineza. Mas ela não precisa buscar aprovações. As aprovações afluem. Contra as crianças, todos são cúmplices.
> Ele, o menino, colou o nariz no vidro:
> – Não, diga, você não vai me jogar?...
> – Quem sabe...
> – Quando?...

[10] *Ibid.*, p. 326.

> – Quando ficar escuro – responde a avó...
>
> Ela sabe que ele tem medo quando passam dentro de um túnel.
>
> – Mas e se eu me comportar?...
>
> Resposta:
>
> – Vamos ver.
>
> Ele não se mexe mais. Está imóvel sobre o banco. A avó sorri. Ela se admira e é admirada. Todos gozam em coro. E, uma vez lançados, por que parar?
>
> Quanto mais o terror do garoto for maior, mais é evidente, e mais a avó fica feliz e inventa novos refinamentos. (Noto, *en passant*, que ela evita cuidadosamente o olhar do menino.)
>
> – Você não vai me jogar, não é?...
>
> – Você está me enchendo.
>
> E ela inventa então que, sempre que o menino não se comportar, vai jogá-lo na água.
>
> – Quando a gente passar em cima de um rio, entende?
>
> Ele entende bem demais. Seu rostinho está transtornado, mas ele não chora.
>
> Alguém nota isso.
>
> – Ah não! – diz a avó. – Ele não vai chorar, a gente não consegue fácil fazê-lo chorar[11].

O terror é primeiramente aquele sofrido pela infância. A cena confirmaria o quanto a criança fica exposta a essa "necessidade permanente de agredir" que o ser humano, segundo Freud, "satisfaz às custas do próximo"[12].

Ora, trata-se justamente de uma mãe e seu filho homem com quatro anos de idade. E bem antes de Guilloux muitos escritores

[11] Louis Guilloux, *Carnets* (t. 1, p. 106, set. 1934).

[12] *Malaise dans la civilisation*, p. 64.

do século XIX não haviam apontado a crueldade nas relações mãe/filho, de Balzac, que sempre ressalta a impunidade da destrutividade feminina, a Jules Vallès ou Jules Renard, o autor de *Foguinho*? Guilloux mostra aqui uma mãe que pratica a hipnose de terror, aquela que Ferenczi nomeava paterna em oposição à sedução, embora precisasse bem que ela não é exclusiva dos homens[13]. O escritor ressalta a cumplicidade de todo o compartimento, "gozando em coro" de sua crueldade mental, enquanto o pequeno, tendo perdido toda proteção, está bem além da angústia.

Mas voltemos ao *Sangue negro*, aliás dedicado pelo autor a uma mulher, Renée, sua esposa, com a qual o mal-estar tornou-se flagrante, segundo o biógrafo Yves Loisel, assim que ela foi mãe, em 1932. Os dois anos seguintes, 1933 e 1934, são justamente os da redação do *Sangue negro*, o que poderia explicar a reativação e a densidade particular das representações maternas negativas dessa obra.

A OUTRA FRENTE

Ao lado da guerra, *O sangue negro* evoca uma "batalha sem fim": os homens "brigam com as mulheres, que no entanto os conduzem"[14]. Eis um outro *front*, o *front* permanente. O romance conta com dezoito personagens femininos. O mais inquietante, a Corcunda, também chamada de "mulher baratinha", vagueia pela cidade, cantarolando árias de opereta mas sem nunca largar o laço de um cãozinho amarelo que ela arrasta à força.

Uma única mulher parece ser capaz de procurar sozinha aju-

[13] S. Ferenczi, "Transfert et introjection", p. 113.

[14] *Le sang noir*, p. 332.

dar o filho a viver, Claire Marchandeau, que tenta arrancar o jovem soldado amotinado do pelotão de execução, em vão, e inscreve-se como figura trágica. Portanto, o discurso de Guilloux não é unívoco, as mulheres também aparecem nele como vítimas dos abusos e da destrutividade masculina. Algumas parecem até isentas de crueldade – assim as prostitutas "que sabiam não zombar de [Cripure], não ter piedade tampouco"[15]. Por outro lado, ao dotálas de um prenome (Claire, Henriette, Simone, Toinette), o romancista distingue as figuras jovens, ou simpáticas, dos outros personagens femininos, nomeados unicamente pelo nome de esposa.

Mas todas estas últimas, quer ocupem dez linhas no romance, como a Sra. Pinche, que recusa ao marido os dois mil francos de que ele precisa para realizar seu grande sonho, publicar seus poemas por conta do autor[16], quer intervenham do início ao fim do relato, apresentam comportamentos comuns. Essas silhuetas negras exercem sobre as pessoas à volta uma vigilância que chega até a espionagem (a Sra. De Villaplane vai até fazer um furo no assoalho para vigiar Kaminsky). Elas impõem diversos interditos (interdito de esposar uma jovem de outro meio, interdito de conviver com um ateu, interdito de fumar...), praticam a chantagem afetiva ou alegam de bom grado uma pretensa dívida que outros teriam para com elas (Marta, por exemplo, arroga-se direitos sobre o irmão "por quem ela havia feito tanto"). Elas se caracterizam pela recusa ou pela incapacidade de procurar entender o outro e, enfim, pela intrusão contínua, aquela, por exemplo, da mãe de Simone Point.

[15] *Ibid.*, p. 142.

[16] *Ibid.*, p. 146

> Era de matar, essa mania que tinha sua mãe de sempre se meter em tudo, de fazer perguntas sem fim a respeito das coisas mais inúteis. [...] Não havia exemplo de que ela [Simone] tivesse passado um dia sem raiva nessa casa[17].

"Era de matar" deve com certeza ser entendido no sentido próprio. Pois esse livro de cólera, até mesmo de ódio que é *O sangue negro*, pela própria confissão de seu autor[18], apresenta o último traço feminino, o recurso às cenas de casal, como fonte de feridas tão sérias quanto nas trincheiras.

A cena que me parece a mais característica a esse respeito, e que dá o tom do romance desde o sétimo capítulo, refere-se mais uma vez a personagens secundários, a família do bedel do liceu, o Sr. Bourcier. Seu filho mais velho, Lucien Bourcier, sofre, na presença do pai e do irmão, uma cena materna que o narrador acaba por qualificar de "tortura geral". A causa é trivial: Lucien, vinte e cinco anos, desmobilizado depois de quase morrer no *front* de um estilhaço de obus no pulmão, recusa o uniforme que sua mãe lhe pede para vestir a fim de assistir em família a uma cerimônia de entrega da legião de honra: ele nunca pensou em ir a essa cerimônia, anunciou a partida para a Inglaterra de onde tem em vista, secretamente, juntar-se à revolução russa. Quanto à mãe, que suspeita que o filho está lhe escapando, a queixa profunda é evidentemente essa partida.

Uma cena pela qual uma mulher tenta retomar o controle sobre as pessoas à sua volta, nada de inédito, pensarão. Mas seu relato oferece aspectos surpreendentes. A cena não é apenas violenta, ela é sobretudo geradora de angústia, pois no mais forte desta a

---

17 *Ibid.*, pp. 214 e 215.

18 "Cripure não é Palante, reuni nossos dois ódios", escreve Guilloux a respeito do personagem principal e seu modelo, o filósofo Georges Palante, de quem ele foi amigo.

Sra. Bourcier cai num estado segundo:

> [...] Lucien não nos ama mais [...] ele nos... despreza – diz ela. E Lucien compreendeu que sua mãe acabava de entrar em transe. Fenômeno já observado cem vezes, e não apenas em sua mãe, mais ou menos em todas as mulheres que faziam cenas. Embora a Sra. Bourcier não tivesse feito o mínimo gesto [...] de repente pareceu que, emanando dela, a sala ficava carregada de uma eletricidade sutil [...] que criava em todos um estado muito diferente do de irritação ou de cólera em que já se encontravam: um estado de angústia[19].

Nesse estado qualificado de sonambúlico, um fluxo de palavras impossível de parar vai longamente despejar os pensamentos mais negativos, mais caluniosos relativos à criança, aqueles que a raiva pode inspirar brevemente, mas que ninguém confessaria. A locutora, uma vez passado o acesso, teria tudo esquecido, como no despertar de uma hipnose, precisa o narrador. Sugere ele uma crise histérica? Em todo caso, é singular que Guilloux generalize com tanta firmeza esse "transe" em quase "todas as mulheres que fazem cenas".

Quanto aos efeitos dessa perda de controle sobre as pessoas à volta, são os mais desenvolvidos. Tudo isso era dito numa voz mecânica, sem a sombra de um gesto, as palavras saindo umas após as outras de sua boca como peças de uma máquina de cunhar.

Se a imagem é a de uma máquina de cunhar moedas, a "máquina de cunhar" faz ouvir palavras que chovem como golpes so-

---

[19] *Ibid.*, p. 121.

bre um Lucien "dilacerado de angústia e de dor".

> Era um espetáculo tão assustador quanto o daquela velha mulher abandonada em sua poltrona e falando sem parar como numa loucura. [...] Mas não havia nada a fazer a não ser aguardar, esperar a crise de nervos que, num grande urro epiléptico, poria fim àquela tortura geral[20].

Sem mesmo considerar o teor de seu discurso, a mãe já tem "esse poder de criar e espalhar angústia" em todas as testemunhas, mais ainda naquele que é designado como causa da crise e que é visto pelo menos como causa de loucura, de sofrimento. O estado segundo deixa os mais próximos na impotência ao mesmo tempo que proíbe qualquer protesto diante dos ataques, que, embora verbais, nem por isso deixam de ser menos mortíferos aos olhos de Guilloux:

> Os argumentos podiam [...] ferir com certeza tanto na centésima quanto na primeira vez e enfim, como ele vira à sua volta tantos exemplos, eles podiam acabar matando como se mata com veneno[21].

Nesse romance, a crueldade feminina parece exercer-se bem especificamente através da violência verbal, a "má língua", injúria ou calúnia. Aqui, o discurso da mãe em transe é uma série de agres-

---

[20] *Ibid.*, pp. 123 e 125.

[21] *Ibid.*, p. 119.

sões, após as mais loucas acusações sobre o tema do mau filho, do filho carrasco, culpado desde a mais tenra idade pelo "calvário" de uma mãe devotada.

Lembremos agora da gênese do sentimento de culpa estudada por Freud em *Mal-estar na civilização*: "o sentimento de culpa nada mais é que uma variante tópica da angústia. [...] na origem, angústia diante da agressão da autoridade exterior. [...] o sentimento de culpa é sempre uma agressão voltada para o interior"[22]. Como se opera essa inversão, pergunta-se Freud. Não é muito enigmático no texto de Guilloux, que a mostra operada pelo próprio agressor, colocando-se a mãe perversamente como vítima, como mártir. A agressão, para retomar o poder, mascara-se em defesa: toda a atitude da Sra. Bourcier, pálida em sua roupa negra do pescoço até a ponta dos pés, dá-lhe uma "expressão de vítima fria e altiva"[23].

Os mesmos elementos aparecem, curiosamente, na análise que um outro fez de seu sentimento de culpa. Trata-se de Sandor Ferenczi, cuja auto-análise foi desencadeada por uma paciente que suscitava nesse psicanalista uma contratransferência importante. Ele assim a descreve em seu diário:

> Uma força de vontade extraordinariamente poderosa na fixidez marmórea dos traços do rosto, de uma maneira geral, algo de soberano, algo de uma superioridade de rainha [...]
> Em R.N., reencontro a mãe, a verdadeira precisamente, que era dura e enérgica e de quem tenho medo[24].
> [...] acho "simpáticas" as mulheres que me idolatram, que

[22] *Malaise dans la civilisation*, pp. 93, 85 e 98.

[23] *Le sang noir*, p. 120.

[24] Ferenczi, *Journal clinique*, p. 94.

> se submetem a minhas idéias e a minhas singularidades; por outro lado, as mulheres de seu gênero me enchem de temor e provocam em mim a oposição e o ódio dos anos de infância. Minha [...] gentileza exagerada é idêntica aos sentimentos da mesma ordem em relação à minha mãe. Quando minha mãe afirmava que eu era mau, isso antigamente me deixava ainda mais mau. Sua maneira de me ferir mais era pretender que eu a matava; era a virada a partir da qual eu me forçava, contra a minha convicção interior, à bondade[25].

Aí ainda, um personagem materno duro e imperioso quebra a oposição do filho, acusando-o de matricídio, e é o ponto em que a agressividade é infalivelmente invertida em sentimento de culpa. Essa virada é uma *ferida*, vocabulário cuja insistência já foi notada sob a pena de Guilloux. No psicanalista, essa ferida se abre sempre que pacientes o acusam, no qüiproquó da transferência, de maus tratos, e o diário registra então uma "reação subjetiva extremamente penosa [...] Manifestamente não me convém ser o tempo todo acusado de ser um assassino. [...] Momento trágico da infância quando a mãe declara: você é o meu assassino"[26], lê-se na mesma página.

Quanto à paciente R.N., o diário revela que foi ela, evidentemente, quem impôs a Ferenczi fazer a experiência da "análise mútua": eu gostaria tanto de tentar com outras, comenta Ferenczi, mas ela afirmava que sua cura psicanalítica era vítima de minha secreta hostilidade... Até que o analista culpado a deixasse trocar os papéis. Ele retomará firmemente sua poltrona assim que desco-

---

[25] *Ibid.*, p. 155.

[26] *Ibid.*, p. 103 (página intitulada por Ferenczi: "O analista: agente funerário").

brir por que não conseguia se defender da acusação de sua mãe. No divã, uma imagem atravessou-lhe a mente,

> [...] a imagem de um cadáver cujo ventre eu abria na sala de dissecação com certeza; ligado a isso, a fantasia louca que me enfiavam à força nessa ferida do cadáver. Interpretação: efeito a posteriori de cenas passionais [...] uma camareira deixou-me brincar com seus seios, depois apertou a minha cabeça entre suas pernas tão bem que fiquei com medo e comecei a sufocar. É a fonte de meu ódio pelas mulheres: é por isso que quero dissecá-las, isto é, matá-las. Foi por aí que a acusação de minha mãe – "você é o meu assassino" – atingiu-me bem no coração e levou-me a querer compulsivamente ajudar todos os que sofrem, sobretudo as mulheres [...][27].

Impossível saber sobre o que recaía a acusação materna em Guilloux. Era um escritor dos mais discretos, e continuou sendo na publicação de seus *Carnês*. Mas produziu uma obra que comporta várias figuras de jovens injustamente acusados, e até um condenado inocente em *Labirinto*, condenado pelo silêncio de uma mulher. Por isso, voltemos a seus personagens, a Lucien e sua mãe, e às particularidades da "cena da ferida" em *O sangue negro*.

A criança a quem algo é proibido deve renunciar não só ao que deseja, mas igualmente a seu furor contra a autoridade: segundo Freud, em *Mal-estar na civilização*, é precisamente essa agressividade reprimida que nutrirá a de um Supereu já pleno de ambivalência. A história de Lucien coloca o problema do destino da agressividade nessa situação particular em que o interdito é um

---

[27] *Ibid.*, p. 112.

atentado arbitrário à autonomia e em que a resistência expõe a uma repressão tão violenta quanto culpabilizante por parte da autoridade. O furor da criança deve então estar no auge, mas a perda de controle do adulto ainda proíbe o mínimo protesto. Que saída resta à cólera a não ser a autopunição? É assim que a vida é, segundo Lucien, "roubada".

Segundo Lucien e também segundo Cripure, que, no romance, também pronuncia: "A verdade desta vida não é que morremos, é que morremos roubados". Essa frase respondia àquela de Céline em *Viagem ao fim da noite*. Guilloux colocou-a em realce em seu livro, para a publicação. E anotava em seu carnê:

> [...] não temos um segundo a perder para a amizade, o amor, a felicidade, pesquisa, as obras. É preciso odiar e punir tudo o que nos impede [...] Roubar a vida não é nada? [...] O ódio, pelo menos, é uma verdade muito franca, mas é mais fácil assassinar em nome do amor[28].

Então, vejamos mais de perto a ladra... A breve descrição da mãe de Lucien sublinha, mais que um sadismo, uma curiosa insensibilidade a seus próximos e, sobretudo, uma completa inaptidão para o diálogo. A Sra. Bourcier domina sua família, no entanto a sua crueldade não parece a de uma personalidade narcísica (vínculo esboçado por Freud em *Mal-estar*[29]), pois o relato insiste no caráter doente do personagem.

Sua relação com o filho evocaria antes essa pulsão de domínio que Freud coloca, em *Três ensaios sobre a teoria sexual*[30], na

---

[28] *Carnets* (t. 2, p. 38, 1945).

[29] *Malaise dans la civilisation*, p. 77.

[30] P. 89 da edição Gallimard "Folio".

origem da crueldade infantil e que, longe de ter por objetivo o sofrimento de outrem, simplesmente não o leva em conta. O retrato de Lucien sublinha nele uma maturidade que falta à sua mãe, que entra em crise mal o domínio fracassa. Essa parada no estádio do domínio, esse quadro cuja freqüência Guilloux notava em suas contemporâneas, seria um destino mais especificamente feminino da crueldade? Lucien vai embora, o romance não diz como ele se liberou. Vai embora como os personagens masculinos de Guilloux conseguem fazer-se ao largo, isto é, de qualquer modo pelo mar, tanto é difícil a ruptura, já que para eles está em questão o objeto edipiano; ao passo que à filha, a Simone por exemplo, basta pegar a estrada.

CRIP/CLOP OU A VIDA ROUBADA

Cripure também pensa em se evadir, pelo mar de novo, mas chegar a Marselha e embarcar para as ilhas vai continuar sendo um sonho, e a única saída real, o suicídio. Ele é o personagem "condenado" de quem Lucien forma o duplo positivo, revolucionário porque a "vida roubada" para ele mostrou ser o fundo do drama social tanto quanto do drama íntimo. Numa percepção das relações socioeconômicas que já era a de Charles Péguy, outro escritor oriundo de um meio realmente pobre, o capitalismo, segundo Guilloux, é antes de mais nada um sistema de colocação em dependência e de chantagem – um modo de dominação mais "materno" que patriarcal.

Essa comum sensibilidade política, hoje tão pouco "correta", mereceria exame. Ela se deve, em todo caso, a uma experiência próxima, talvez em Péguy a de uma juventude sem pai, quando Guilloux, por sua vez, mostra as conseqüências psíquicas da pobreza: dizer que ela exclui da vida social não lhe parece suficiente, ele sublinha que ela prende na família, único lugar de solidariedade, isto é, em geral em *tête-à-tête* com a mãe, sem terceiros.

Em *O sangue negro*, personagem revolucionário e personagem condenado permanecem solidários um do outro; aliás, apesar da diferença de geração, Lucien e Cripure se parecem, notadamente por terem a mesma enfermidade.

Lucien coxeia e Cripure tem dificuldade de andar: o primeiro recebeu uma bala no joelho, o outro sofre de acromegalia, isto é, de uma hipertrofia não congênita dos pés e das mãos. Para Cripure, sexagenário incapaz de se vestir sozinho ou de dar ele mesmo laços nos sapatos, ela tem por conseqüência a dependência, impossível de romper, com uma maternagem. Podemos ler nisso uma regressão desse personagem à dependência infantil, mas também um eco das primeiras experiências, inclusive as do próprio romancista, vítima aos dois anos de tuberculose óssea que lhe deformou a mão esquerda (e o salvou da mobilização em 1914, mas talvez depois de tê-lo exposto a outros perigos).

Muitos críticos se interrogaram sobre o apelido Cripure, sobre o grito que ele contém, a pureza que ele evoca. O texto põe antes em relação os sons, Crip com Clop, Cripure com a Cloporte*, nome que ele deu a outro coxo solitário, que a seus olhos encarna sua própria miséria e servilismo. Tendo em vista a importância precoce da língua inglesa na formação de Guilloux, Cripure daria a ouvir *cripple*, que em inglês designa o enfermo, o coxo, o estropiado? Mas estropiado pelo quê?

Durante um colóquio em Cerisy dedicado a Louis Guilloux, Anne Clancier viu no personagem de Merlin-Cripure um outro caso dessa "neurose de fracasso" descrita por René Laforgue sobre Baudelaire[31]. A autopunição está indiscutivelmente em primeiro

---

* Baratinha (N.T.)

31 A. Clancier, "Psychanalyse d'un personnage: Cripure", p. 139.

plano; no entanto, um romance permite ler mais que uma nosografia. A história de Cripure, cujo texto permite partilhar os pensamentos e as lembranças com o leitor, vem completar os traços da imago feminina que víamos aflorar, disseminados, em diversas figuras secundárias.

Cripure é "baratinha", isto é, sobrevive feito um morto-vivo, desde que sua esperança foi destruída pela "traição" da esposa amada. Ele não sabe se é ou não pai, nem do filho legítimo que Toinette teve pouco depois de sua partida, nem do outro, Amédée, fruto de uma ligação ulterior, que ele reconheceu sem estar seguro de sua paternidade. Desde então, divide Maïa com outro homem, um traficante de guerra. Assim se desenha a imagem destruidora de uma mulher-mãe que trai. Em suas memórias, Guilloux revela que escolheu Maïa para prenome da parceira de Cripure porque esse diminutivo de Maria também significa "a Ilusão"[32].

O relato do *Sangue negro*, quase sempre noturno, tem a sombria cor da depressão que habita seu principal personagem e o isola de todos: a perda de Toinette, embora antiga, vai ficando cada vez mais cruel, o filósofo Cripure é vítima da dor moral e da angústia, pois se julga culpado da perda do amor. Para uma neurose de fracasso, esta seria estranhamente lúcida e deixaria sem explicação o suicídio final. Ora, este último segue de pouco a notícia do falecimento de Toinette, no contexto dos lutos de massa da guerra.

E, logo antes, o leitor pode descobrir em Cripure a mesma depressão inicial que no coronel Chabert de Balzac, a mesma convicção de ser incapaz de seduzir uma mulher e de se fazer amar por

[32] *L'herbe d'oubli* [*A erva do esquecimento*] refaz (p. 352) a gênese do *Sangue negro*: "[...] eu tinha agora um nome para meu herói [...] O herói se chamaria Merlim (o encantador) e sua companheira, Maria – o que daria familiarmente Maïa (a Ilusão)". A imagem destruidora da mulher-mãe que engana é confirmada por uma das últimas cenas do romance, na qual o Cloporte [Baratinha] também vê sua fé cruelmente rejeitada por uma louca, La Bossue.

ela: "Era impossível que uma mulher o amasse, e ele jurara a si mesmo nunca acreditar nisso"[33]. O alcoolismo persistente do personagem parece testemunhar que, longe de ter podido liberá-lo dessa depressão, o casamento de amor chocou-se com ela.

Mas a maior crueldade da vida de Cripure, precisa o narrador, é uma carta que se perdeu[34]. Após seu divórcio, ele escrevera uma obra, a história de Turnier, outro filósofo separado daquela que o amava e suicidado; um livro cuja secreta destinatária era Toinette. Mas essa "carta suprema" ficou sem resposta, e o manuscrito seguinte não verá o dia, destruído pelo dente dos cães.

O sangue negro, dedicado à esposa, permitiria ler a mesma espécie de carta?

---

[33] *Le sang noir*, p. 483.

[34] *Ibid.*, p. 35.

ANTOINETTE MOLINIÉ

A virgem cruel

A Virgem Maria deve ser a figura mais generosa do *corpus* mítico cristão. É verdade que a prodigalidade de Cristo é infinita: ele primeiro oferece sua humanidade ao sacrificar esta à sua natureza divina, e a parte de homem que lhe resta, ele a dá com sua vida na cruz para a remissão dos pecados do mundo. Mas não esqueçamos que ele se impõe no ventre de Maria, entrando assim na humanidade por uma espécie de arrombamento. A virgem aceita sem discutir ser a mãe portadora que assim faz dela o Espírito Santo. Mãe do Messias, do Rei dos Reis, e no entanto esposa de um carpinteiro, ela leva uma vida de pobreza e de ascese. Ela é a "Serva do Senhor", a própria imagem do dom total de si. Divide seu filho com todos os homens de quem ele é o Salvador. Assiste à sua agonia e à sua morte na cruz: tem assim o mesmo gesto de abandono a Yahvé que Abraão, mas a oferenda que ela faz de seu filho único, o Cordeiro divino, não é substituível. E, quando ela vê Jesus ressuscitar, é só para perdê-lo em seguida, durante a sua Ascensão ao Paraíso. A Virgem Maria só apresenta essa figura de abnegação total? Essa imagem, à qual daremos um estatuto de mito, é evidentemente a da teologia. Este mito compreende igualmente variantes apócrifas e tradições orais sobre a Virgem que colocam novamente em questão os dados do dogma. Mas outra via se abre ao antropólogo para buscar representações arcaicas e primordiais para além da mitologia oficial: a das práticas, em particular cultuais. Não que estas contradigam a *doxa* do mito: a fé popular a retoma amplamente em suas crenças, em sua iconografia e até em suas devoções. Mas, na truculência ritual, podemos explorar margens que escaparam ao rigor do relato. É nesse espírito que examinaremos os interstícios do culto mariano andaluz.

A Virgem Maria é incontestavelmente a grande deusa da Andaluzia. Ela é, como em outros lugares no Mediterrâneo, Magna Mater, e além disso a mãe de Deus feito homem. Mas aqui ela apresenta especificidades. Um de seus caracteres particulares é ser a um só tempo uma e múltipla. Certo, em outras regiões do mundo, a Virgem Maria se apresenta sob diferentes rostos. Assim, as representações iconográficas que mostram os episódios de sua vida geram variantes relativamente independentes: Imaculada Conceição jovem, Anunciação diante do anjo Gabriel, Mãe nutriente com a criança, Dolorosa com seus sete punhais cravados no seio, Assunção gloriosa junto à Trindade... são estas as encarnações de Maria que às vezes assumem o aspecto de avatares. Mas foi antes a multiplicidade de suas figuras locais que os andaluzes exploraram. Cada cidade, cada aldeia tem a sua *Virgem*, e as relações mantidas com ela são apaixonadas. Assim, as Virgens rivalizam entre si, com freqüência entre dois bairros de uma mesma aldeia. Algumas são federativas de regiões, pois atraem milhares de peregrinos. Marcam territórios, fixam os pertencimentos sociais, presidem aos destinos dos membros de linhagens que fizeram delas a protetora, tomam partido numa guerra civil: em suma, têm uma função quase totêmica na medida em que se apresentam como operadores de classificação alternativa à oposição rígida das classes sociais numa sociedade com numerosas características de Antigo Regime. Para os andaluzes, o personagem da Virgem em si não tem muito sentido se não for precisada aquela de quem se fala, e o termo "Virgem" vem sistematicamente seguido do nome da divindade à qual se faz referência, a não ser que o locutor se encontre no território de uma delas e se refira a esta por erro.

Como Dolorosa ambígua

Essa multiplicidade que torna a mãe de Deus muito próxima dos santos padroeiros é particularmente manifesta nas procissões da Semana Santa, durante as quais é comemorada a Paixão de Cristo. Os atores desse drama estão presentes através de imagens suntuosamente barrocas colocadas em tronos gigantescos (*pasos*), caindo sob o peso dos círios e das flores. Durante seis dias e seis noites, Cristos e Virgens parecem navegar sobre a multidão, acompanhados por milhares de penitentes de capuzes (*nazarenos*), com fanfarras, bandeiras bordadas e cruzes antigas. Os carregadores (*costaleros*), esmagados pela prata maciça dos tronos, esperaram esse privilégio durante anos. Apresentadas cada uma por uma confraria correspondente a uma profissão, a um bairro, ou a um grupo como o dos Ciganos, essas imagens dão a cada categoria de sevilhanos uma identidade específica, ao mesmo tempo que os une num mesmo ritual. Elas têm na cidade não só uma dimensão simbólica, mas também uma função política e até econômica, já que algumas delas são muito ricas.

Os diferentes episódios da Paixão são assim representados, nos *pasos*, com o mais barroco dos realismos. Sobre um trono, *Jesús Despojado* é despido de sua túnica. O *Beso de Judas* ilustra o beijo do traidor. A *Bofetá* encena o tapa recebido pelo supliciado. *Jesús de las Penas* cai esmagado pela cruz de prata e de escama que ele traz nos ombros. A confraria dos doadores de sangue segue um Cristo que se vê apor a coroa de espinhos. Na Sexta-feira Santa, o *Cachorro* crucificado expira sob os traços de um cigano que o artista pegou, em 1682, no instante mesmo em que ele entregava a alma numa taverna de Triana, com uma faca nas costas. Um anjo recolhe a água do flanco transpassado do crucificado sobre o *paso* de Las Aguas. A dos *Estudiantes*, dividida em seções correspondentes às disciplinas universitárias, venera em silêncio o *Cristo de la Buena Muerte*. Na passagem do *Cristo de Silencio* e da cruz de prata e de coral que ele carrega ao avesso, acompanhado apenas da música de alguns oboés, a multidão sombria num silêncio telúrico. A confraria da *Quinta Augustia* celebra a descida de cruz do corpo de *Jesus*. Os quarenta e oito *costaleros* da confraria de *Santa Marta* (a corporação dos hoteleiros) carregam os nove atores da colocação no túmulo: o corpo do Cristo é sustentado por José de Arimatéia e Nicomedes, cercados pela Virgem, São João, Marta e as três Marias. *Gran Poder*, o "Senhor de Sevilha", suscita uma devoção particular. Não só os sevilhanos o seguem rumo a seu calvário a noite inteira da quinta à sexta-feira com um ardente fervor, mas além disso fazem fila durante horas para beijar-lhe as mãos quando ele se senta em sua capela (*besamanos*).

Jesus é, em princípio, o ator principal das procissões da Semana Santa. Na verdade, ele desempenha apenas um segundo papel. É a Virgem quem tem a cena. Com efeito, os sevilhanos praticam uma marianolatria apaixonada. Foi assim que adotaram a crença na Imaculada Conceição desde o início do século XVII, ou seja, mais de dois séculos antes de a Igreja o instituir como dogma em 1854. Ao fazerem da Virgem um ser concebido sem pecado, eles de certa maneira a divinizaram. Durante a Semana Santa, essa devoção mariana se exprime com uma intensidade particular.

Cada um dos *pasos* que representam o Cristo, como os que descrevemos mais acima, vem acompanhado de uma Virgem com características muito específicas. Cada uma delas não se distingue, como é o caso para os Cristos, por uma referência a um momento da Paixão, mas por um nome, um rosto, uma jóia, uma cor ou um ornamento particular. São assim celebradas, uma atrás da outra, dezenas de Virgens perfeitamente identificadas que quase sempre suplantam os Cristos que cada uma delas acompanha. São até essas divindades femininas que dão a identidade das confrarias, que, em princípio, celebram o Cristo, mas que, na verdade, são identificadas por suas Virgens: a *Esperanza de Triana*, padroeira dos marinheiros, muito morena e vestida de verde, que atravessa o Guadalquivir para se dirigir à catedral; sua rival, a poderosa *Macarena* de trevos de esmeralda, que desfila cercada por seus centuriões romanos e perturba as multidões à sua passagem; a *Virgem da Estrella*, que avança com sua estrela dourada na mão direita e seus véus voando no ar do rio; *Maria del Dulce Nombre*, que segue o *Cristo de la Bofetá*; a *Virgem de la Amargura* com um rosto de uma beleza lendária acompanhada de São João... Os *pasos* da *Virgen* são numerosos e belos demais para que possam ser aqui descritos. As imagens são manequins com os rostos e as mãos talhados. Costumam ser esculturas antigas e de grande qualidade. São vestidas com uma suntuosa e longa capa que ocupa uma boa parte do trono, enfeitadas com uma coroa quase sempre dourada e com jóias de valor ofertadas por seus fiéis. A maioria delas têm um ou vários punhais cravados no coração no meio das rendas e das pedras preciosas. Em geral estão em prantos e seus rostos exprimem o paroxismo da dor. A feminilidade é realçada pela luz tênue dos círios, pelos enfeites florais, pelo cheiro de incenso misturado ao da cera e ao perfume de flor de laranjeira que impregna a primavera sevilhana... Apresentada como num estojo, sob um dossel carregado de bordados, a beleza das *Virgens* se reflete no vidro, no ouro e na prata dos candelabros e nas volutas dos tronos. E não é só dor que essas madonas exprimem em sua sensualidade discreta mas resplandecente.

Para ver a *Macarena* sair de sua igreja na noite da quinta para a sexta-feira, é preciso pegar lugar em volta do pórtico mais ou menos dez horas antes. Quando ela aparece no brilho de seu trono suntuoso carregado pelos sólidos rapazes da confraria, os gritos machos evocam os dos *aficionados* quando o *toro* surge na arena. As exclamações evocam as que um círculo de *flamencos* dirige a uma dançarina: "olhe, ela está ainda mais bela este ano!", ou então "porra, como você está bonita!", ou ainda "*olé Macarena*!". Ela avança agora, escoltada por seus centuriões com plumas de avestruz na cabeça, armados de machados e escudos: no meio dos homens e de seu furor.

Sua rival secular, *Esperanza de Triana*, sai um pouco mais tarde do outro lado do rio. Seus *costaleros* têm uma arte particular de exibi-la. Sob uma melodia de música ritmada, quase tropical, eles a fazem dançar aumentando um quarto de segundo a frente e a traseira do *paso*, como se o cortejo de repente se tornasse um corpo langoroso: "Olhe, como ela mexe a bunda!", grita um homem junto a mim e ele acrescenta com os olhos brilhantes: "Vê-se bem que é uma cubana!".

A Virgem da Semana Santa sevilhana não é, pois, apenas a Dolorosa anunciada pela Paixão de Cristo. É impressionante o contraste entre a música tocada pelas fanfarras das confrarias para os Cristos e as que acompanham as Virgens. As primeiras são trágicas e lancinantes. O ritmo dos tambores é o do anúncio de um drama. As fanfarras tocam em menor e de repente um clarim lança um som estridente na noite, tão agudo e tão forte que fica falso, como se a dor do ouvido acompanhasse a do supliciado. Ao inverso, a música das fanfarras que acompanham as Virgens é alegre e arrebatadora. Os *costaleros* fazem dançar a Virgem quando o ritmo imprimido a isso se presta (notadamente ao som dos *campanilleros*), sobretudo nos lugares ou nos momentos espetaculares como a esquina de uma rua estreita, a entrada da igreja quando a procissão volta, ou a passagem por um monumento prestigioso. A própria multidão reclama isso: "*Baila! Baila!*". Esses movimentos constituem para os *costaleros* performances extraordinárias. Com efeito, esmagados pelo peso do trono, eles não vêem e só executam as ordens do *capataz*, que dá umas batidas codificadas no "martelo" do trono e às vezes sopra estímulos nos enfeites furados dos *respiraderos* que permitem aos carregadores respirar. Depois de uma parada, é ele quem dá a ordem de retomar a corrida aos rapazes que esperam em silêncio, livres por alguns instantes do peso desumano das Mães dolorosas. "*Arriba con Ella! Y hasta el cielo*": num só corpo, os rapazes se levantam, esticam os músculos e, num segundo de graça que segura a Virgem, eles fazem cintilar suas lágrimas, vibrar suas pedras preciosas, vacilar o ardor de seus círios, voar os vapores de seus incensos, borboletear suas flores.

É assim, dançando sob uma música arrebatadora, que a Virgem segue *Jesus* prisioneiro, traído, chicoteado, crucificado, expirante e finalmente enterrado. Se sua imagem oficial é a de uma Dolorosa em lágrimas, ela parece por momentos não só indiferente aos sofrimentos de seu filho, mas às vezes até alegre, tanto se presta à admiração dos homens que a cercam. Até pára sob a sacada de onde lhe cantam uma *saeta*. Esse lamento de flamenco, entre canto gregoriano e grito de muezim, exalta os sofrimentos de Cristo e a dor de sua Mãe. A palavra significa "flecha", e são realmente traços de união com suas divindades que os cantores puxam das sacadas aristocráticas ou das ruas anônimas[1]. Ora, esses lamentos celebram com mais freqüência a Mãe que o filho, às vezes num tom profano que destoa do suplício descrito: a *saeta* é tão bela que a multidão aplaude e, um pouco mais adiante, a fanfarra retoma

[1] Tradicionalmente, as *saetas* são espontâneas. Hoje, certas famílias de notáveis fazem vir às suas sacadas *cantaores* conhecidos, que dão mais prestígio.

sem transição seu *pasodoble*. Quando uma *saeta* é lançada, de uma esquina de rua, de uma janela ou de um bar, o *paso* pára bruscamente e o silêncio é imediato. Pode-se até ver a Virgem passar rapidamente sob a sacada de um cantor sem se dignar parar como é de hábito. Explicam, então, no meio da multidão, que a morada de onde parte a flecha musical não é digna da grande *Macarena*.

Para acompanhar seu filho supliciado, essa Virgem, que não se digna parar por um canto que nos inebria, está vestida como uma noiva, toda de rendas e bordados brancos. É assim que Montesión estremece no estalido dos rosários de pérolas finas suspensos em seu dossel. As rosas que lhe são lançadas das sacadas, como a uma amante, fazem pouco dos sofrimentos do crucificado que ela escolta. Ao acompanhar a cruz do Calvário, a Virgem dança, às vezes até balançando como a *Esperanza de Triana*. Do cortejo do suplício a Virgem aceita com complacência todos os cumprimentos, todas as celebrações de sua beleza, exceto quando são humildes demais para ela. Talvez seja *Macarena* que melhor exprime a ambigüidade de todas essas Dolorosas. Dizem que o encanto de seu rosto vem do fato de que, nas lágrimas de diamantes que escorrem sobre as suas faces, entrevê-se um sorriso de prazer. Na verdade:

> Ela é obra de um autor anônimo genial que com certeza recebeu a chama de uma inspiração angélica para esculpir seu rosto, no qual se unem com rara justeza a terra e o céu, o humano e o divino, os prantos e o sorriso, a tristeza e a graça. Essa famosa expressão mutante provém de uma sábia e muito leve assimetria desses lábios que sugere um duplo efeito: prazer/dor, conforme o perfil que observamos..."[2].

[2] Juan Martinez Alcalde, *Imágenes sevilhanas de la Virgen*, p. 26.

É verdade que a Macarena é uma Dolorosa. Mas "ela nos permite antecipar o mel da Jerusalém celeste"[3], e, numa das preces que lhe são dirigidas, dizem-lhe francamente que ela parece chorar de alegria:

Vengo solamente	Venho simplesmente
Madre para veros	Mãe para vê-la
Veros llorar de alegría	Vê-la chorar de alegria

Portanto, é assim que o ritual constrói a ambigüidade dos sentimentos atribuídos à Virgem que, em certos momentos, parece indiferente à Paixão da qual participa. Será realmente o assassinato de seu filho que ela acompanha etapa por etapa, escoltando os *pasos* do aprisionamento, da traição de Judas, da sentença fatal, da flagelação, das quedas sob o peso da cruz, da sede no lugar do suplício, da expiração e, finalmente, da Pieta?

Vimos que é nas margens do rito que se revela a ambigüidade dos sentimentos atribuídos à Virgem do mito. É também em detalhes periféricos que aflora o sentido profundo da crueldade da Virgem e que se revela a identificação do supliciado cujos sofrimentos ela com freqüência tanto ignora. No momento da Semana Santa, *Jesus* perde curiosamente seu nome em muitas de suas invocações. Mais facilmente que de Jesus Cristo, as pessoas preferem chamá-lo de *Nuestro Padre Jesús* (Nosso Pai Jesus). As confrarias mais prestigiosas que desfilam na noite de quinta para sexta-feira, como *El Silencio, El Gran Poder, La Macarena* e *Los Gitanos*, nomeiam assim seus Cristos tutelares[4]. Também é o caso das confrarias de *Los Panaderos, El Valle, Pasión, La O, San Isidoro* e *La Sagra-*

[3] *Ibid.*, p. 28.

[4] Respectivamente, Nuestro Padre Jesús Nazareno, Nuestro Padre Jesús del Gran Poder, Nuestro Padre Jesús de la Sentencia e (curiosamente) Nuestro Padre Jesús de la Salud.

da Mortaja[5]. Notemos bem que só o nome de *Jesús* nunca aparece nas invocações das outras confrarias. Estas fazem referência a *Santísimo Cristo*, a *Nuestro Señor Jesucristo*, mas só o nome de *Jesús* está sempre associado a *Nuestro Padre* sob forma de *Nuestro Padre Jesús*. Encontramos essa curiosidade nos cantos flamencos que celebram os sofrimentos de Cristo na cruz: da mesma forma que os títulos das confrarias que acabamos de citar, os lamentos quase sempre se referem *a Nuestro Padre Jesús*.

O filho se transformaria assim em pai? Certo, a primeira pessoa da Trindade pode, em princípio, sem muito estrago teológico, tomar o lugar da segunda, já que as duas formam, com o Espírito Santo, um único e mesmo Deus. Mas essa substituição não parece nem um pouco verossímil, embora até seja celebrada a morte do filho de Deus feito homem, um momento da mitologia em que as duas pessoas da Trindade, a de Deus o Pai e a de seu filho, são particularmente distintas, já que é o primeiro quem oferece o filho em sacrifício e este último se submete assim à vontade do pai. A ele, aliás, se dirige durante a Paixão por duas vezes: um pedido "Pai, afasta de mim este cálice"; e uma misteriosa e pungente questão: "Por que me abandonaste?". O ritual não confunde os personagens do mito. Ele não transforma o filho de Deus em seu próprio Pai. Ele o transforma de fato em *Nuestro Padre*, isto é, em Nosso Pai. Os membros das confrarias que se chamam entre si "irmãos" (*hermanos*) vêem assim, no suplício de Cristo, o do Pai deles. Será, pois, o assassinato de "Nosso Pai" que aqui se representa durante a Semana Santa?

---

[5] Respectivamente, Nuestro Padre Jesús del Soberano Poder em su Prendimiento, Nuestro Padre Jesús con la Cruz al Hombro, Nuestro Padre Jesús de la Pasión, Nuestro Padre Jesús Nazareno, Nuestro Padre Jesús de las Tres Caidas, Nuestro Padre Jesús Descendido de la Cruz en el Misterio de su Sagrada Mortaja.

Estamos longe da versão oficial do mito e bem perto do inconsciente. Nas margens, a Semana Santa poria em cena o conflito primordial edipiano e forneceria até uma oportunidade de passagem ao ato pelo rito. Várias características deste são coerentes com o assassinato que ali se representa. O círculo mais imediato das figuras da Paixão são os penitentes (*nazarenos*). Esses membros da confraria acompanham durante horas, e em geral descalços, os tronos da cenografia do assassinato. Eles fizeram voto de penitência e desfilam assim, carregando uma cruz no ombro ou um círio pesado. Há uns cinqüenta anos, flagelavam-se coletivamente na igreja antes de sair em procissão e às vezes faziam o percurso de joelhos, com as pernas sangrando. É claro que exprimem assim a sua culpa. Esta é, de uma certa maneira, ortodoxa e oficial: o mito de fato estabelece que foram os homens quem, por seus pecados, causaram a morte de Cristo. Mas uma culpa pode esconder outra. Por isso é que os *nazarenos* caminham mascarados: eles têm o rosto coberto pelo *antifaz* (máscara) que sobe em *capirote* sobre a cabeça. Essa dissimulação era muito mais estrita há alguns anos: hoje, vemos uma mãe ou uma namorada trazer um sanduíche e uma coca ao filho ou *novio* [namorado] penitente que ela identificou no cortejo, e este levanta o *antifaz* para comer o *chorizo* e tomar um gole; mas, antigamente, e hoje ainda nas confrarias "sérias", o *nazareno* carregava sua cruz incógnito.

Da mesma forma que a culpa, esse anonimato tem uma versão ortodoxa e oficial: por humildade, o penitente esconde sua performance, pois ela se dirige ao Cristo e não ao público. Mas, uma vez que o supliciado é chamado Nosso Pai, que a Virgem Maria o segue dançando ao ritmo de uma música alegre, aceitando elogios galantes, podemos nos perguntar se essa culpa e essa dissimulação dos *nazarenos* não são as dos "irmãos" assassinos das confrarias. O segredo e o erro que parecem pesar sobre eles destoa de modo notável da alegria do público que os cerca. Uma multidão extremamente densa segue os cortejos, quase sempre em silêncio e com uma disciplina notável; mas o culto prossegue nos numerosos bares colocados no trajeto ritual. Aqui, o ambiente está para a jubilação: o vinho corre solto, os *tapas* [petiscos] circulam, e é nas risadas, no meio das brincadeiras e dos copos que brindam que soam, à porta do bar, o tambor sinistro do suplício, depois o ar alegre da Virgem. Do balcão alegre observa-se o último sopro de Cristo na passagem do trono do *Cachorro*. Não há dúvida: embora acompanhe passo a passo o suplício de Nosso Pai, o povo faz a festa e elogia a Virgem cruel. Essa simultaneidade da felicidade sem maquiagem da multidão e do drama que parecem representar os *nazarenos* encapuchados e curvados sob o peso da cruz exprime, incontestavelmente, a ambigüidade pouco teológica da emoção ritual.

Agora entendemos melhor as relações de sedução que a rua mantém com a Virgem. Se ela é cruel com Nosso Pai Jesus, ela mantém relações de amor com seus fiéis. Estes constroem sua ambigüidade não enquanto mãe em relação a seu filho cujo sofrimento lhe seria indiferente, mas enquanto mulher em relação a "Nosso Pai", com quem eles querem que ela se preocupe menos que a clássica Dolorosa da iconografia oficial. Podemos emitir a hipótese de que a Virgem é fabricada mais como esposa de Nosso Pai Jesus que como mãe de Jesus Cristo. Os oficiantes desse ritual podem sonhar entre "irmãos" que ela se volta para eles, já que parece indiferente ao assassinato daquele de quem eles fizeram o Pai. Na teologia e nas seqüências ortodoxas do rito, A Virgem é nossa mãe amorosa protetora e nutriente. Aqui, nas margens da Semana Santa, é a mãe sedutora que os filhos tiram do Pai que eles mataram. A crueldade da mãe faz parte integrante do assassinato de Nosso Pai, que inspira, a ela, como aos participantes do ritual, uma alegria mal dissimulada pela tristeza oficial do luto.

Essa alegria estoura à vista de todos no domingo de Páscoa, na *corrida* [tourada] de Ressurrección, que inaugura a temporada taurina do ano. O branco Cordeiro místico, sofredor e vítima do holocausto, dá então lugar ao sombrio *toro*, cuja virilidade faz a unanimidade simbólica, e as mulheres trocam a mantilha de renda preta da Sexta-feira Santa por uma mantilha *blonda* de renda creme[6], ao passo que os homens exibem um imponente charuto. Mais ainda que uma representação masculina, o *toro* é um animal selvagem e até tornado selvagem para as necessidades do ritual. Como um violento retorno do recalcado, ele surge na arena e comunica seu poder gerador àqueles mesmos que acompanharam o suplício de *Nuestro Padre Jesús* durante toda a Semana Santa que acaba de passar. O valor erótico da tauromaquia foi celebrado pelos artistas que sabem que a tourada é próxima do amor. Por todos os seus detalhes, ela se banha numa atmosfera erótica: a potência fálica do touro, cujo sexo será consumido após a celebração; a dança e as carícias dos passes do primeiro *tercio*, quando o *toro* se engolfa na capa estendida como uma armadilha; a repetição dos passes que multiplica o prazer e a subida progressiva rumo ao paroxismo da estocada, gesto mais que simbólico que leva aos gritos de êxtase do público inflamado. Michel Leiris via nisso um abraço amoroso[7], enquanto que o "orgasmo do touro" foi celebrado por Georges Bataille e por Pablo Picasso, o maior dos andaluzes.

Ora, a *Virgen* mantém relações secretas com a tourada, não sem crueldade, já que a virilidade triunfante do *toro* vem, de uma certa maneira, substituir a derrota mortal de Nosso Pai Jesus. Ela participa, aqui ainda em segredo, da alegria dos "irmãos" assassinos que acabam em volta da arena após terem acompanhado os tronos do parricídio. Não existe festa votiva à Virgem sem tourada. Como no caso do *toro de cuerda*[8] de Grazalema, às vezes se faz

---

[6] Julian Pitt-Rivers, "Le sacrifice du taureau", pp 281-297.

[7] Michel Leiris, *Miroirs de la tauromachie*.

[8] O *toro de cuerda* ou *toro ensogado* é solto nas ruas da aldeia e preso pelos jovens com uma corda forte (*soga*). Ele é assim conduzido ao longo do trajeto ritual fixado pela tradição, e a performance consiste em acompanhá-lo bem de perto. Para a análise de uma festa de *toro de cuerda*, cf. Pedro Romero de Solís, "El toro de San Marcos en Beas de Segura (Jaén)", pp. 69-110.

referência à cerimônia como *El toro de la Virgen*[9], sugerindo assim que a fera é ofertada a Maria. Entretanto, essa coincidência entre a Virgem festejada e o *toro* que lhe é dedicado não é significativa, já que não se imagina na Andaluzia uma festa religiosa sem combate taurino[10]. Outras relações secretas ligam o *toro* à Virgem. O culto desta às vezes é colocado em relação com o do touro pela fertilidade buscada secretamente em seus ritos. Julian Pitt-Rivers conta essa confidência de uma mulher de Sevilha, que, desesperada por se ver estéril, rezava à Virgem antes de dormir, apertando na mão, sob o travesseiro, uma figura de touro[11].

Mas é no próprio rito taurino que encontramos, como sempre nas margens, indícios de uma cumplicidade entre a Virgem e o *toro*. Assim é que o toureiro, antes de entrar na arena para enfrentar o monstro, pede sua proteção à Virgem. Esta figura sob uma invocação bem precisa no altar portátil que acompanha o *maestro* em suas turnês. De uma certa maneira, ele se identifica com ela pela estrita castidade que ele observa nos dias que precedem o combate. O *capotillo* que ele traz sobre o ombro, durante o *paseillo* que abre a tourada, é bordado nos mesmos ateliês que as capas das Virgens ambíguas da Semana Santa. Não só as técnicas e os motivos são os mesmos, mas com freqüência a figura de Maria aparece nos enfeites desses bordados taurinos.

Se a Virgem está presente sobre o ombro do toureiro, o ombro deste está presente sob o trono da *Virgen del Refugio* da Confraria dos Toureiros, ali mesmo onde estão colocados os carregadores

---

9 Francisco Campuzano, "Toro de la Virgen de Grazalema", pp. 149-194; Julian Pitt-Rivers, "El toro de la Virgen. Grazalema (Cádiz)", pp. 19-26, e *The People of the Sierra*.

10 Lembremos que as touradas foram proibidas nos séculos XVI e XVII pelos papas Pio V e Gregório XIII sob pena de excomunhão.

11 Julian Pitt-Rivers, *op. cit.*, p. 338.

do trono, de quem podemos pensar que são, senão *toreros*, pelo menos *aficionados*. Com efeito, observamos, presos aos *respiraderos* do trono, *machos*, isto é, essas espécies de bolotas douradas de passamanaria que o toureiro usa sobre as ombreiras[12]. Como se o *maestro* que deixou suas bolotas [*glands*] sob a Virgem do Refúgio tivesse ele mesmo vindo carregá-la sobre seu ombro formulado para a oportunidade por seus enfeites.

Em Santa Cruz de Mudela, a Virgem e a arena trazem o mesmo nome. A *Virgen de las Virtudes* lá é carregada em procissão durante a peregrinação que lhe é dedicada em 8 de setembro, dia da Natividade da Virgem. Seu santuário ocupa um dos lados da arena que data do século XVII[13]. Esta assim se apresenta como uma dependência ou mesmo um claustro da igreja. Do lado que dá para a arena, uma janela se abre, estranhamente alta. É ali que é colocada a Virgem para que assista às touradas. A Dolorosa da Semana Santa investe, então, o espaço dedicado à volta da virilidade.

Essa ambivalência da Virgem ao longo da Semana Sana transforma-se em alegria festiva durante uma grande festa que lhe é exclusivamente dedicada na Segunda-feira de Pentecostes.

Como mulher cobiçada

A *Virgen del Rocío*, Virgem do Orvalho, reina nos misteriosos pântanos do delta do Guadalquivir, do qual uma parte hoje consti-

---

12 Os dois sentidos de "*macho*", que significa a um só tempo "macho" e "bolota [*gland*] de enfeite", talvez não sejam estranhos um ao outro. [*gland* (bolota, pompom, borla) é também a *glande*, isto é, a cabeça do pênis. (NT)].

13 Gonzalo Dias-Recasens, *Plazas de Toros*, p. 132. Agradeço a Pedro Romero de Solís por essa informação e pela maquete dessa igreja-arena que encontraremos em G. Díaz-Recasens e Guillermo Vázquez Consuegra (ed.), *Plazas de toros*.

tui um parque natural. Seu santuário eleva-se no meio dos pássaros que param junto dela durante a migração para o norte, e entre cavalos, já que ela possuía outrora um rebanho. Todos os anos, no domingo e na segunda-feira de Pentecostes, sua peregrinação atrai mais de um milhão de visitantes. Ela se exibe em programas de televisão que dão a volta ao mundo. Os políticos vêm aqui prestar homenagem, pois ela se tornou um emblema da Andaluzia. O papa João Paulo II veio ele mesmo prosternar-se diante dela durante a Exposição Universal de Sevilha em 1992. Esse fenômeno de mídia não pode esconder um culto profundamente enraizado na cultura andaluza[14]. Ele faz seqüência às cerimônias da Semana Santa no ciclo ritual andaluz.

A peregrinação é organizada por confrarias provenientes de localidades de toda a Andaluzia e até mais longe. Essas *hermandades* fazem parte de um sistema hierárquico. No topo, a *Hermandad* matriz de Almonde reivindica a propriedade da Virgem. As outras são alinhadas conforme a antigüidade, cada uma delas podendo "amadrinhar" (*amadrinar*) candidatas. Assim é que havia uma dezena de confrarias em 1920, 24 em 1936, 46 em 1970, umas sessenta em 1984 e perto de cem hoje. Esses números mostram a extensão fulminante desse culto cujos rastros mais antigos situam-se no século XIII, data provável da aparição da imagem da Virgem, que dizem ser de origem francesa[15].

---

[14] Foram feitas muitas observações sobre a influência da mídia na peregrinação, sobre o papel da *Virgen* na identidade andaluza e na política local, sobre a sociologia da devoção, etc. É pela estrutura tradicional do culto da *Virgen del Rocío* que vou aqui me interessar. Encontraremos estudos antropológicos em Michel D. Murphy e Juan María Comelles, "Los caminos del Rocío". Podemos consultar Manuel Carrasco, Juan Márquez, Manuel Perales, Miguel Pichardo e Manuel Zurita, *El Rocío. Fe y alegría de un pueblo.*

[15] O primeiro santuário teria sido erigido em Las Rocinas (primeiro nome da Virgem) por Alfonso X o Sábio em 1275-85 (Juan Infante Galán, *Rocío. La devoción mariana de Andalucia*). Outros pensam que a imagem data do século XV (Gastón Rosendo Alvarez, *El Rocío al examen*, e *Pastora y peregrina*).

Cada confraria viaja o tempo que for necessário para chegar ao santuário na sexta-feira que precede o domingo de Pentecostes. O *camino* ("caminho"), como é chamada a viagem, é muito lento: as pessoas param a todo instante para beber, cantar e dançar sevilhanas e, às vezes, descansam em imensos carros de bois recobertos de telas brancas que evocam as carroças da "conquista do oeste". Os peregrinos seguem a pé, a cavalo e, mais recentemente, de trator, num ambiente de grande alegria. *Hacer el camino* ("fazer o caminho") é uma arte particular: durante vários dias, as pessoas rezam, fazem a festa e levam uma vida nômade sem conforto. O ritmo da peregrinação é dado por pesados tronos de prata (*simpecados*) que evocam os da Semana Santa (*pasos*), mas que são aqui carregados por bois. Nenhum sinal de dor na peregrinação a Rocío: o ambiente é jubiloso e freqüentemente orgíaco; as preces cantadas à Virgem alternam com bacanais carnavalescos. Cada *simpecado* corresponde à confraria cujo estandarte ele transporta, que é tratado como um duplo, e até como um substituto da Virgem: é diante dele que as pessoas rezam, dançam e esfregam o lenço na prata de suas molduras para ganhar novas forças. Certas mulheres fazem a viagem a pé, com as mãos agarradas ao trono, cumprindo assim um voto feito à Virgem. De noite, as charretes dos peregrinos formam um círculo em torno do *simpecado*, que, no meio das fogueiras em volta das quais se dança, aparece então como uma espécie de divindade clânica.

As confrarias chegam ao santuário na sexta-feira antes do domingo de Pentecostes. Uma após a outra, conforme a ordem hierárquica estrita, elas desfilam atrás de seus *simpecados* puxados pelos bois e vão saudar a "confraria matriz" de Almonte, cujos membros, vestidos suntuosamente de flamencos, permanecem com solenidade na entrada do santuário. Vários rituais que não podemos relatar aqui acontecem no sábado e domingo seguintes. A missa noturna do domingo de Pentecostes é o momento culminante do culto. A *Virgen del Rocío* está sobre o trono atrás da grade que fecha o coro. O santuário está cheio: reina ali uma tensão explosiva. As equipes da Cruz Vermelha retiram fiéis desmaiados, quase sempre homens. Por volta das três horas da manhã, um grito interrompe as preces: "*Almonteños a por Ella!*". Os jovens de Almonte escalam a grade do coro, empurram o padre, pegam a Virgem e vão com o trono de prata na direção da saída, num atropelo incrível. A confusão é indescritível e começa uma luta de morte para carregar a Virgem. Esse desencadeamento é bem mais violento, já que arrebenta com todas as válvulas de controle: os rapazes ficam agarrados à grade do coro, rolam sobre o altar, esbarram nos notáveis, os genuflexórios são derrubados, os berros e os aplausos partem de todos os lados... Durante a noite inteira, os rapazes de Almonte brigam em volta do santuário para carregar a Virgem nos ombros e sobretudo para impedir qualquer "estranho" de se aproximar dela. Reina, nessa procissão caótica, uma violência inaudita. Quando um carregador desaba, outros ombros se apresentam e a deusa passa assim sobre os corpos duros e molhados dos rapazes como um navio à deriva que nunca afunda. À volta, os homens só têm uma idéia na cabeça: "pôr-se debaixo da virgem" ("*meterse debajo de la Virgen*"), e, quando surgem de debaixo do trono para contar a experiência que tiveram, a voz se estrangula.

"Pôr-se debaixo da Virgem" é primeiramente uma operação de alta tecnicidade. Com efeito, é muito difícil abrir para si um caminho na multidão que cerca o trono de prata, e sobretudo passar a barreira dos jovens de Almonte, sem a ajuda dos quais é impossível ter acesso à Virgem. O que parece à primeira vista uma desordem de extrema violência é, na verdade, o resultado de uma estratégia precisa: o caos é construído como uma barreira de proteção em torno da Virgem; o acesso exclusivo a ela é muito controlado[16]. Mas "pôr-se debaixo da Virgem" não é uma simples perfor-

[16] Comunicação pessoal de Juan Carlos González Faraco, a quem agradeço por essas informações.

mance. Quando os rapazes mostram os arranhões e os hematomas, é impossível não pensar nos ritos amazônicos de iniciação, que deixam no corpo marcas comparáveis. Uma viúva, naquela noite, chorava. Ela acabava de ver seu filho único sair de debaixo da Virgem, com as roupas laceradas e urrando de prazer: ela acreditou numa aparição de seu marido morto há muitos anos.

É bem o pai ou o tio que conduzem o jovem iniciado para a Virgem, um pouco como na Espanha, há algumas décadas, eles o levavam ao bordel. As fanfarronadas dos rapazes que comparam os tempos respectivos que passaram sob a deusa dispensam comentários tanto evocam uma iniciação sexual. Os ciganos celebram a defloração da jovem noiva por um rito particular: no momento em que é exposto o lençol nupcial manchado de sangue, os convivas reunidos entoam uma *alborea*, um canto flamenco muito particular, já que é interpretado num registro agudo, embora seja a voz rouca que é geralmente valorizada. Ora, a *alborea* é o canto que os ciganos entoam ao fim das peregrinações à Virgem[17].

A deusa cobiçada pelos homens é celebrada em toda a sua feminilidade. É preciso ouvir os comentários de seus fiéis sobre o seu vestido ou o seu sorriso, surpreendê-los a soprar e suspirar quando saem de debaixo do trono... Quando tentei determinar se alguém dava o sinal do rapto da Virgem, disseram-me que era ela mesma quem decidia: os homens de Almonte a conhecem e a vêem enrubescer levemente quando ela deseja ser tomada de assalto. Quando perguntei ingenuamente se o culto da deusa não era perturbado pela televisão, que projeta sobre ela suas luzes ofuscantes, responderam-me que, muito pelo contrário, a Virgem ama mos-

[17] Caterina Pasqualino, "L'étranglement de la voix. Signification d'une technique vocale chez les Gitans d'Andalousie". Ver também *Dire le chant*.

trar-se nas telas: quando os projetores apontam para ela, seu sorriso é, parece, muito particular.

Ao longo da corrida, os homens lhe lançam *piropos* como a uma bela mulher na rua:

> Guapa guapa guapa y guapa
> *Y bonita y bonita y bonita y bonita*[18].

Pensamos então na *Macarena*, sete semanas antes. Gritavam-lhe "*guapa*" e "*bonita*", mas mais discretamente, a título individual, sem essa unanimidade de um coro antigo. Agora, *Nuestro Padre Jesús* morreu e a Virgem freme no meio das *palmas*, os batimentos das mãos a doze tempos que ritmam a *bulería*, a dança de exibição da mulher nas *juergas* flamencas.

À primeira vista, a *Virgen del Rocío* aparece como mãe: ela apresenta seu filho à multidão e baixa pudicamente seu olhar para ele. Entretanto, vimos como o rito a feminiliza e a sexualiza. Havíamos observado a ambigüidade das imagens dolorosas da Virgem durante a Semana Santa. Oficialmente, ela é representada como mãe de Cristo no calvário. No entanto, ela sorri através das lágrimas, aceita de boa graça os elogios, as rosas e a sensualidade do trono. Aqui, na festa de Rocío, não há mais lugar para a ambivalência: nos pântanos do Guadalquivir, às margens das terras cultiváveis, no domínio da caça e da pesca, os peregrinos vieram exprimir a Maria seu desejo. Nesse vínculo entre a Dolorosa e a Virgem do Orvalho, exprime-se não mais uma indiferença ao assassinato do Pai que ocorreu sete semanas antes, mas, agora, uma alegria não

[18] *Guapa* = bela.

dissimulada e finalmente o objetivo inconfesso desse parricídio: "*a por Ella*", gritam os jovens caçadores, ao raptarem a Virgem como se se lançassem sobre uma presa... Se o *costalero* faz subir a Virgem ao paraíso ("*arriba con Ella y hasta el cielo*"), o Almonteño "põe-se sob a Virgem" ("*meterse debajo de Ella*"). Ambos trazem no corpo a crueldade da Virgem sob forma de hematomas, feridas e contusões. Mas, se os *costaleros* falam de penitência com um brilho de gozo nos olhos, os rapazes de Almonte exibem os machucados com volúpia. Não há aqui, no santuário de Rocío, *nazarenos* carregando cruzes. Há, como nas confrarias da Semana Santa, *hermanos* (irmãos), mas aqui eles não caminham mascarados, fazem a festa dia e noite, dançando *sevillanas rocieras* que dizem seu amor louco pela Virgem. Como se fosse sendo de longe em longe esquecido o assassinato do Pai. Como se a crueldade da Virgem acompanhasse cada vez mais de perto a dos homens que querem possuí-la "pondo-se debaixo dela".

Certo, trata-se de dois rituais distintos e os *costaleros* não são rapazes de Almonte. Mas a data da festa de Rocío é fixada em Pentecostes e depende estritamente da festa de Páscoa, logo, da Semana Santa. E a estrutura da peregrinação em *hermandades* em torno desses duplos da Virgem que são os *simpecados* só pode evocar a da Semana Santa em *cofradías* em torno das Dolorosas. Essas duas palavras poderiam designar grupos de irmãos de antes e de depois do assassinato do Pai, e também dois tipos de relações que eles mantêm com a Virgem.

A crueldade da *Virgen del Rocío* é construída não só por seu lugar no ciclo ritual, mas também pelas relações que os homens mantêm com Ela. Primeiramente, ela corresponde a um modelo feminino que atormenta os homens: o de uma pureza impecável, uma *verguenza* que garante a honra masculina, protegendo-os dessa infâmia que é a traição feminina, sempre ameaçadora[19]. A *Virgen del Rocío* e, mais geralmente, Maria, a um só tempo virgem e mãe, representa para um andaluz um ideal cruel, pois não cessa de confrontá-lo dolorosamente com as mulheres, esposa e irmãs, de quem ele tem a guarda. Os cantos flamencos descrevem bem a prova que representa para o homem "verdadeiro" a proteção da *verguenza* de suas mulheres e da honra de sua família[20].

Mas a *Virgen del Rocío* é cruel também porque inacessível. É uma verdadeira guerra que é preciso travar para passar um momento sob ela. Os almonteños lutam contra o Estrangeiro e mais particularmente contra aquele que vem da aldeia vizinha de Villamanrique de la Condesa. A rivalidade que opõe os dois burgos está inscrita no mito de origem da *Virgen del Rocío*[21]. Essa oposição é ainda mais crítica uma vez que a confraria de Villamanrique é a mais antiga, logo, a primeira na hierarquia, ao passo que a de

---

[19] Para as noções de *honor* e de *verguenza* na Andaluzia, ver: J. Pitt-Rivers, *Anthropologie de l'homme...*, e "Postcript: the place of grace in anthropology", pp. 227-228. Para a percepção masculina da sexualidade feminina ameaçadora, ver: Stanley Brandes, "Like wounded stags: male sexual ideology in an andalusian town", pp. 216-239, e *Metaphors of Masculinity, Sex and Status in Andalusian Folklore*.

[20] Para uma relação entre a marianolatria andaluza e as noções de *honor* e de *verguenza*, ver A. Molinié, "La Virgen del Rocío no tiene verguenza: aproximación antropológica de la mariolatría andaluza".

[21] Este retoma um esquema muito clássico. Um caçador (ou um pastor, conforme as versões) encontra uma imagem em madeira da Virgem escondida num olival selvagem (*acebuche*). Ele alerta as pessoas de Almonte e a Virgem é trazida para a aldeia. Mas invariavelmente a imagem volta a seu olival. Um santuário é construído para ela em Almonte, mas ela continua a voltar para seu lugar de origem. O povo toma enfim a decisão de construir para a virgem um santuário no lugar de sua aparição, ou seja, o sítio atual da peregrinação. Ora, se o milagre aconteceu no território de Almonte, o caçador-pastor era, por sua vez, originário de Villamanrique. Desde então, as duas aldeias reivindicam a propriedade da Virgem, uma alegando o *jus soli* e a outra, o *jus sanguinis*.

Almonte se situa fora da classificação por seu estatuto de *Hermandad* matriz contestado por Villamanrique. Além disso, a "confraria matriz" de Almonte enriqueceu-se consideravelmente graças ao comércio próspero que a peregrinação engendra em volta do santuário e do qual ela tem o monopólio. A rivalidade dos jovens dos dois burgos, que pode se tornar mortal no momento de "pôr-se debaixo da Virgem", assume o aspecto de uma batalha ritual entre metades que teria valor de iniciação masculina. Os minutos que todo homem busca passar "debaixo d'Ela" deixam uma falta que se exprime na violência quase mortífera da procissão: a Virgem é inapreensível como a bem-amada celebrada pelo flamenco. É verdade que, em sua "tentativa extrema sempre fadada ao fracasso"[22] de restabelecer a continuidade de um vivido desmantelado pelo mito, todo o ritual é de uma extrema crueldade. Esta é temida no culto da *Virgen del Rocío* pela busca, depois a perda de objeto de ano a ano. Os cantos de volta dos peregrinos exprimem a perda e a falta com dor:

Volter la cara	Virar o rosto
Que trabajito cuesta	Que trabalho custa
Volver la cara	Virar o rosto
Sabiendo que se queda	Sabendo que ela fica
Solita ella	Sozinha, Ela.

Com efeito, a *Virgen del Rocío* não é uma simples representação, uma imagem ou um ícone. Em certos momentos de graça, ela se torna viva para os seus fiéis. Essa encarnação é passageira e desencadeia comportamentos de posse de objeto como o rapto da Virgem. Ela tem por corolário a dor da perda. Depois da festa, a

---

[22] Claude Lévi-Strauss, *L'homme nu*, p. 603.

Virgem volta para trás de sua grade, lembrando a santuarização da mulher mediterrânea, tal como a canta este *tiento* sofredor:

Que tenga rejas de bronze	Que tenha grades de bronze
Te voy a meter en un convento	Vou pô-la num convento
Que tenga rejas de bronze	Que tenha grades de bronze
Pa que la gente no te vea	Para que as pessoas não a vejam
Ni la carita te roce	Nem possam roçar o seu rosto

Quando vemos peregrinos em prantos, às vezes um casal cercado de crianças, implorando a Ela para que os tire da miséria e do sofrimento, só podemos ficar com o coração revoltado pela crueldade da Virgem que falta infinitamente.

Às vezes, o suplicante segura na mão um pedaço de seu vestido que o sacristão acabou lhe dando em segredo. A *Virgen del Rocío* tem duas vestes de aparato que correspondem a duas figuras de sua devoção. Como *reina*, ela usa, como uma grande dama do século XVII, uma larga vasquinha presa por uma montagem, um colarinho de renda e uma pesada mantilha. O conjunto é em tecido precioso. Ela traz uma pesada coroa de ouro. Como *pastora*, usa um chapéu de palha enfeitado de flores do campo sobre longos cachos à inglesa. As discussões dos homens sobre a preferência por um ou outro traje são intermináveis e traduzem dois aspectos contrastados da crueldade no feminino: a rainha poderosa à qual nos submetemos e a rapariga em flor que gostaríamos de seduzir.

O pedaço de roupa que me fora entregue, há alguns anos, pela grade da sacristia, provinha de uma anágua que, asseguraram-me, tocara a pele da divindade. A fantasia do corpo da Virgem parece ocupar as mentes: "O que há por baixo?". A imagem com efeito se apresenta como um rosto e mãos carregando o menino Jesus sobre suntuosas roupas. Adivinhamos que, por debaixo, a

Virgem está vazia[23]. As únicas pessoas que podem se aproximar dela fora do tempo da peregrinação, em particular para vesti-la, são mulheres ou certos homens afeminados. Nos anos 1990, as camaristas da Virgem compreendiam uma solteirona, uma viúva e a filha desta[24]. Mas a equipe ideal parece ser aquela formada por uma mulher solteira e sua sobrinha, tanto que a transmissão perfeita iria de virgem a virgem. Fica claro assim que são mulheres sem sexualidade que vestem a imagem e que, de preferência, elas assumem a virgindade da deusa de que têm o encargo. A *Virgen* também tem um grupo de homens à sua volta, cuja homossexualidade parece aceita por fiéis para quem esta constitui, em outras circunstâncias, um escândalo. Em tempos comuns, e em particular por sua intendência, ela é assim aproximada dos seres de sexo mal definido. No santuário, sua imagem aliás está cercada de duas figuras masculinas que não se distinguem particularmente pela virilidade: de um lado, São José, seu casto esposo, do outro, São João Batista, que preferiu ser decapitado que ceder aos encantos de Salomé[25].

As camaristas são as depositárias de um segredo que habita o imaginário masculino: o que há debaixo dos vestidos da *Virgen del Rocío*? Quando lhes perguntam se o ídolo usa sapatos, elas eludem o assunto dizendo que é confidencial. Esse segredo dá às mulheres

---

23 O tratamento do corpo da *Virgen del Rocío* é próximo daquele descrito com fineza por Marlène-Llorca para a Virgem dels Desemparats em "La Vierge mise à nu par ses chambrières", pp. 201-228. Ver, em particular, p. 213, uma denegação desse vazio pelas camaristas da Virgem de la Sort em Saint-Laurent-de-Cerdans: "Q– E então, você não sabia que a Virgem estava vazia? / – Sabia, porque sentíamos tocando-a. Mas fazíamos tudo para não ver".

24 Sobre as camaristas da Virgem, ver o artigo de M. Albert-Llorca, *op. cit.*

25 Não me parece muito necessário desenvolver aqui os vínculos entre a decapitação e a castração.

que dele são depositárias um poder que deixa os homens com ciúmes: eles costumam fazer comentários sobre a sexualidade das camaristas que destoam do respeito que elas parecem lhes inspirar em público. Não há dúvida de que o mistério das partes íntimas da Virgem os perturba. Esse tormento masculino quanto ao corpo da *Virgen del Rocío* é manifesto na transferência (*traslado*) de seu santuário em Almonte, que acontece de sete em sete anos no mês de agosto.

A deusa é transportada nas costas de homens a noite inteira por caminhos que atravessam o pinheiral. Antigamente, ela era precedida por fogueiras acesas à sua passagem. Hoje foram substituídas pelos projetores da televisão que a seguem de perto. Milhares de fiéis a acompanham, a pé, a cavalo ou de trator. Perto do santuário, no meio de uma multidão em deleite, as camaristas lhe colocaram um véu precioso sobre o rosto e a recobriram com uma pelerine que dissimula por inteiro sua roupa de *pastora*[26] . Sem rosto, no meio da violência dos homens que brigam para carregá-la, ela é agora como um fantasma, como uma divindade selvagem ou uma múmia de velho. Assim metamorfoseada, ela assume uma dimensão visionária quando avança, na cadência dos quadris de seus carregadores, entre os pinheiros, ao luar, numa nuvem de poeira levantada pelos cavalos.

Ao chegar a Almonte, a *Virgen* é saudada por salvas ensurdecedoras de tiros que os homens repetem sem parar, com jubilação. Mas, sobretudo, ela é acompanhada pela mesma violência masculina que no momento de seu rapto de Pentecostes: os rapazes de Almonte parecem dispostos a tudo para ficar perto de sua deusa.

---

[26] Em 1998, a antiga pelerine foi substituída por um modelo criado por um grande costureiro de Sevilha. Alguns condenaram uma instrumentalização publicitária da Virgem, outros felicitaram-se por uma homenagem prestada à beleza do ídolo que se via assim gratificada com a função de *top model*.

Quando o nascer do dia desvela as telhas e os muros pintados de cal, os fuzis redobram de ardor. As camaristas se aproximam da Divina Pastora. Lentamente, desfazem sua pelerine. Os rapazes ficam cada vez mais impetuosos. Não há dúvida alguma: as santas mulheres se demoram tirando os alfinetes, dobrando devagar o manto. Elas também constroem a crueldade da Virgem. O tom e a violência sobem, e um estranho ao ritual poderia temer por elas. Mal os raios de sol roçam a imagem, uma das camaristas lhe retira o véu e gritos de prazer sobem na alvorada de Almonte. Os fuzis crepitam e os berros roucos passam a ser de júbilo. Os rapazes lutam agora para carregar a deusa até a igreja com o mesmo ardor que durante seu seqüestro no santuário. Essa violência prossegue no interior da igreja, onde se briga pelo acesso à *Virgen*. Todos vão em seguida restaurar-se na rua, com uma xícara de chocolate acompanhada de *churros* e de um copo de aguardente. De fato, são bebidas revigorantes tomadas após uma noite de amor, e o vínculo com a Virgem que aqui se chama *Blanca Paloma* (Pomba Branca) é sugerido pelo nome *palomita* (pombinha) trazido pelo licor roborativo.

Esse ritual celebra assim, com espantosa clareza, os dois aspectos da divindade: mulher, ela se presta a uma exibição próxima de um divino *striptease* pontuado de tiros equívocos, virgem, ela sai de sua pelerine com um véu de renda sobre o rosto. O dispositivo ritual instala assim os dois caracteres de um modelo feminino que os homens nunca poderão atingir: a sexualidade e a virgindade só são compatíveis para uma deusa. O homem, por sua vez, só pode com isso sonhar por um instante, nas primeiras luzes da manhã, e não é nem ele, mas uma das camaristas, quem desvela o rosto da deusa. Jovem de cabelos ondulados em inglesas sob seu grande chapéu de palha florido, a Virgem desafia agora os rapazes de Almonte que brigaram para possuí-la e que, depois de tê-la guardado por nove meses, ilusão de paternidade, deverão deixá-la voltar a seu santuário de Rocío.

COMO MÃE DEVORADORA

Se os cultos que descrevemos são tolerados pela Igreja, é bem porque as construções heterodoxas que eles põem em ação não são muito visíveis a olho nu. Só nos interstícios dos ritos é que é perceptível a crueldade da Virgem, e é certo que o clero tenta reprimir os que se afastam do mito: ele tempera o rapto da Virgem (*salto a la reja*), substitui as *sevillanas rocieras* por cânticos fastidiosos e impõe às festividades orgíacas uma missa de Rosário à qual são convidadas com solicitude toda as confrarias.

Quando Maria atravessa o Atlântico com os conquistadores espanhóis e os missionários para se instalar na América, ela vai encontrar uma oportunidade de ouro para exprimir sua crueldade andaluza. É então confrontada com divindades femininas autóctones que estão longe de corresponder à bondade com que a caracteriza o mito: deusas famélicas, canibais e insaciáveis. A Virgem aproveita a oportunidade de sua mestiçagem para desdobrar toda a sua crueldade. Os missionários aqui enfrentam visões do mundo ameríndias que são incompatíveis com a doutrina que eles professam. Vão combatê-las, é verdade, mas o controle que exercem é fraco, já que se chocam com sólidos *corpus* míticos pré-hispânicos com os quais devem compor. É nos Andes que observaremos o perfil índio da Virgem.

A divindade da Terra é venerada na época pré-hispânica sob o nome de Pachamama ou Camac pacha[27] . O nome Allpa, com o qual ela às vezes é chamada, é antes utilizado para designar a terra no sentido material do termo. Sabe-se pouca coisa sobre a Terra mãe pré-hispânica, a não ser que lhe são feitas oferendas ao longo do ciclo agrário. Atualmente, ela é, com as divindades das monta-

[27] Ver Pierre Duvils, *Procesos y Visitas de Idolatrías*..., p. 723.

nhas com as quais costuma se identificar, a entidade sobrenatural mais presente nas comunidades indígenas tradicionais. Ela recebe regularmente dons. A primeira ingestão de coca de uma reunião ou de uma cerimônia lhe é ofertada. Para ela são escolhidas três folhas de coca perfeitas que são mastigadas em sua intenção: a bola assim formada é colocada na terra, mais particularmente no primeiro sulco, caso se trate de um rito de semeadura. Da mesma forma, quando se bebe álcool, é preciso antes derramar algumas gotas à Terra. Essas oferendas são mais importantes caso se peça à divindade um favor especial, em particular para devolver o espírito de um doente que ela "pegou" em posição de fraqueza ou após uma falta ritual. Esses *pagos* ou *despachos* são elaborados por especialistas, chamados *pago* no sul do Peru e *yatiri* nos altos platôs bolivianos. Consistem em dispor, no espaço ritual limitado por um tecido consagrado (*unkhuña*) e conforme um código preciso, ingredientes muito variados como cereais, doces, buquês de folhas de coca, gordura de lhama, cruzinhas de chumbo, uma estrela-do-mar, confetes, pedaços de papel dourado e prateado, incenso, vinho, plantas medicinais, conchas, etc. Esse conjunto é endereçado à divindade da Terra através de preces, e finalmente o xamã vai queimar a oferenda num lugar que lhe é favorável[28]. Essas oblações quase sempre adotam metáforas alimentares em suas formulações: servem-se "pratos" (*platos*) sobre uma "mesa-altar" (*mesa*) à Terra (*Tierra*) que está com fome.

Os missionários deixaram os índios aproximarem a Virgem Maria da divindade da Terra de que eles retinham os quíchuas como

[28] Para o estudo de um *despacho* na região de Cuzco, ver A. Molinié, "Cure magique dans la Vallée sacrée de Cuzco", pp. 85-98. Para a análise de uma oferenda ritual na Bolívia, ver Gabriel Martínez, "*Una mesa ritual en Sucre...*", e Gerardo Fernandez Juarez, *El banquete aymara: Mesas yatiris*.

Maria Ilumpaqa (Maria Pura), Wirjin plana (Virgem plana), Wirjin mama (Senhora a Virgem), Wirjin tayka (Virgem Mãe), Wirjin pachamama (Virgem Pachamama), Santa Wirjina (Virgem santa), Santa tira wirjina (Santa terra virgem)[29]. Essa identificação da Terra divinizada com a Virgem Maria é muito antiga e deve ter sido favorecida por algumas ordens religiosas como a dos agostinianos. A ilustração mais espetacular dessa interpenetração de divindades pagã e cristã é a desse quadro do Museu da Moeda em Potosi (datando provavelmente de fim do século XVI e início do século XVII), no qual Maria e o monte Potosi[30] formam um todo. A montanha, que tem um rosto feminino, constitui o corpo da Virgem, e essa estranha unidade, a um só tempo terra e mulher, está coroada pela Santa Trindade. No pé dessa montanha que porta as saias da Virgem, o papa Paulo III e Carlos Quinto estão de joelhos. Trilhas, nas quais se observa em particular o inca Maita Capac, atravessam o montículo que é também o corpo de Maria. De cada lado da divindade híbrida, representações dos deuses incas Sol e Lua convidam o indígena a adotá-lo em seu panteão tradicional. Esse tema iconográfico, que data provavelmente de 1580-1620, devia ser relativamente difundido, já que foi possível recensear cinco exemplares, dentre os quais o mais antigo poderia datar de 1583[31]. A documentação do início do século XVI afirma que o monte Potosi era adorado pelos indígenas sob a invocação da Reina (Rainha). Por outro lado, o grande santuário atual da *Virgen* de Copacabana, na beira do lago Titicaca, foi com toda certeza um centro de culto pré-hispânico à Terra divinizada que tinha aqui seus domínios[32].

---

[29] Hans van den Berg, *La tierra no da así no más...*, p. 244.

[30] Aquele de onde foi tirada a prata que inundou a Europa sob a colonização espanhola e fez dela a cidade mais rica do mundo.

[31] Teresa Gisbert, *Iconografía y Mitos Indígenas en Arte.*

[32] Alonso Ramos Gavilán, *Historia de Nuestra Señora de Copacabana.*

Assimilada a Pachamama, a Virgem andina pode dar livre curso às tendências reprimidas pela figura de Maria em terra natal. Certo, ela é fecunda e generosa quando está satisfeita com as oferendas que lhe foram feitas. Mas os andinos sabem que, na maioria das vezes, ela é voraz, particularmente quando está "aberta" no mês de agosto e em certos períodos como o Carnaval. Então, exige não só *pagos* como se viu, mas também sacrifícios. Durante as *pacha t'inka* (sul do Peru)[33] e as *wilancha* (Bolívia), lhamas são assim degolados conforme um ritual longo e complexo, e o sangue é ofertado a Pachamama.

A importância do sacrifício nos Andes pré-hispânicos, e em particular no quadro do Estado inca[34], sobreviveu às extirpações da idolatria. Ironia da história missionária, hoje é a Virgem, sob sua identificação com Pachamama, que é a principal beneficiária dos sacrifícios humanos que ainda podem ser encontrados em certas regiões afastadas dos Andes. Com efeito, a crueldade dessa Virgem mestiça vai até exigir a oferenda de corpos humanos. Contam, nas comunidades indígenas em que trabalhos de limpeza urbana foram efetuados, que, para "pagar" a Terra pela ferida que assim lhe foi infligida, foi preciso enterrar um corpo sob os pilares da ponte, ou nos quatro cantos das fundações de um edifício, como em Manchire, no vale de Cangallo, onde quatro homens e quatro cães estão enterrados nos quatro cantos da igreja[35]. Às vezes é o motor de um moinho que perturba a "Wirjin" e é preciso contentá-la com uma cabeça humana disposta sob a máquina[36]. Quando se

---

[33] Para uma *pacha t'inka* numa comunidade de Apurimac, ver Ricardo Valderrama e Carmen Escalante, "Pacha T'inka o la T'inka a la Madre Tierra en el Apurímac", pp. 177-191.

[34] Para um estudo da religião andina pré-hispânica tal como nos é relatada pelos documentos espanhóis, ver P. Duviols, *La lutte contre les religions autochtones dans le Pérou colonial.*

[35] Lionel Vallée e Salvador Palomino, "Quelques éléments d'ethnographie du "*ñakaq*", pp. 9-20.

[36] Hernan Aguilar, comunicação pessoal.

extrai metal de suas entranhas, ela exige em pagamento vidas humanas que são entregues à mina[37], como na região de Río Qaracha, onde foi preciso oferecer corpos à montanha Tinka onde se abrem as galerias[38].

A crueldade dessa deusa devoradora desencadeia-se durante os combates rituais travados em sua intenção por aimarás dos altos platôs bolivianos e do sul do Peru. Esses *tinku* consistem em enfrentamentos violentos entre os dois grupos que compõem essas sociedades. Essas metades se opõem pelos qualificativos que os distinguem: uma é "alta" a outra "baixa", uma é "direita" a outra "esquerda", uma é "masculina" a outra "feminina"[39]. Ao contrário do caso da maioria das sociedades dualistas, essas metades são endógamas, pelo menos em seu esquema ideal. Assim, as mulheres circulam entre os diferentes grupos de parentela que compõem as metades, mas não entre estas. As sangrentas batalhas rituais que as opõem acontecem em festas religiosas. Costumam terminar com um morto de uma ou outra metade conforme os anos. Ora, a palavra *tinku* que as designa significa "encontro" e é também utilizada para a união sexual. Por seu duplo sentido de acasalamento e de enfrentamento, a palavra *tinku* faz assim referência a um só tempo à circulação das mulheres no seio de cada metade e à circulação dos mortos entre metades. Esses dois sentidos correspondem ainda melhor ao ritual que ao desfecho do combate; algumas mulheres da metade vencida são violentadas ou levadas pelos guerreiros vencedores, confirmando assim a endogamia de metade por uma prática antitética ao casamento. Fica claro que, se as metades não trocam mulheres, em compensação elas trocam mortos. Essa troca de

---

[37] Carmen Salazar, *Anthropologie des mineurs des Andes...*

[38] L. Vallée e S. Palomino, *op. cit.*

[39] Olivia Harris, "De l'assymétrie au triangle transformations symboliques au nord de Potosi". Tristan Platt, "Symétries en miroir...".

sangue pela morte entre metades assume, em suma, uma função equivalente àquela da troca de sangue pela vida entre as linhagens de cada uma delas[40].

Mas a vítima do *tinku* permite um outro tipo de troca. Com efeito, o "bom morto" é ofertado à Pachamama, à qual se pede assim a fertilidade das terras cultivadas para o ano seguinte[41]. Esse sacrifício humano desempenha um papel essencial na estruturação social. Ele permite às metades combatentes definirem-se como um conjunto diante da Terra divinizada: com efeito, ele constrói um vínculo indissolúvel entre os diferentes atores do sacrifício, por um lado a metade da vítima, por outro a de seu sacrificador e seu ofertante.

A Terra divinizada tem um rosto particularmente cruel. A noite inteira, a "tropa" que vai lutar no dia seguinte ao *tinku* reúne-se em volta do xamã. Este interroga a divindade, mais precisamente seus diferentes avatares localizados. A cerimônia se desenrola no escuro e no silêncio mais profundos. O *yatiri* pergunta à Terra o que ela quer comer. Ela responde pela própria boca do xamã, com uma voz diferente conforme os lugares de suas manifestações. Para satisfazê-la, prepara-se uma oferenda (*misa*) composta de grãos de milho alinhados, de folhas de coca, de gordura de lhama, tudo isso ordenado com uma precisão e um cuidado particularmente obsessivos. É que a satisfação da divindade disso depende e, no dia seguinte, os jovens da comunidade vão travar batalha! O *yatiri* "envia" então essa comida à Terra-Mãe, esta depois se exprime pela própria boca deste. Quando acompanhei essas súplicas na noite gelada de Llallaguita, o oficiante não conseguia contentar Pacha-

[40] Para uma análise dessas batalhas e sua abordagem psicanalítica, ver A. Molinié, "Te faire la peau pour t'avoir dans la peau... [Arrancar-te a pele para ter-te na pele...].

[41] Ao longo da batalha, combatentes espalham o sangue cuidadosamente sobre a terra para a Terra.

mama, e foi preciso recomeçar, indefinidamente, até o dia raiar, num desespero crescente, já que, insatisfeita, no dia seguinte ela poderia tomar um morto, talvez nessa "tropa" que não soubera nutri-la.

Ora, essa Terra divinizada insaciável e destinatária do sacrifício humano produzido pela guerra ritual assume o nome de Wirjin quando a ela as pessoas se dirigem em lugares precisos de comunicação com o inframundo. A Virgem Maria doce e amorosa transformou-se assim numa deusa canibal que suscita combates sangrentos para sua satisfação. Sua crueldade, que é sugerida na Andaluzia pelo culto, desdobra-se aqui na figura mortífera da Terra Mãe ávida dos sacrifícios humanos que ela exige em troca de sua fecundidade. Como se a Virgem Maria tivesse encontrado na "idolatria" indígena um lugar de expressão de uma crueldade que sempre foi a sua, mas que era reprimida pelo quadro da Lei, como se a mãe arcaica e devoradora efetuasse junto aos índios pagãos e selvagens uma volta de seu cruel recalcado.

Vê-se bem que a crueldade dessa Virgem índia exprime-se num contexto bem diferente do parricídio encenado nas cerimônias andaluzas. Os "irmãos" são aqui essas espécies de gêmeos formados pelas duas metades[42]: eles lutam finalmente por ela. Mas essa interpretação da crueldade da Virgem parece um pouco simples em relação à complexidade de uma operação ritual que, como

[42] Notemos que a fantasia do duplo está particularmente presente na cultura andina. Os gêmeos são ameaçadores, uma vez que toda pessoa ao nascer possui um duplo de si mesmo, ao passo que as divindades e os personagens míticos se desdobram com freqüência. Essa constante está ligada à constante do dualismo das categorias e ao privilégio dado à liminaridade. Ela é coerente com a interpretação das metades como objetos transicionais recíprocos, já que a fantasia do duplo, "ao contrário, reduz o outro a si e permite a este último manter-se na ilusória completude do corpo-mãe" (Jean-Thierry Maertens, "Du simple au double...", p. 83).

vimos, cumpre duas operações simultâneas: 1 / ao trocarem mortos, cada uma das metades guarda sua identidade em relação à sua imagem simétrica. A execução do morto define cada uma das metades; 2 / ao oferecerem o morto à Terra-Mãe, as metades formam uma unidade pelo mecanismo do sacrifício.

A batalha ritual também é designada como *pukllay*, isto é, como um "jogo". O sentido desse termo é muito próximo do "play" da criança que Winnicott opõe a "*game*"[43]. Esse "jogo-*play*" infantil tem a ver a um só tempo com a realidade psíquica interior e a realidade exterior; ele não se situa nem dentro nem fora de si e tem um papel essencial na construção da realidade. Vimos que o *pukllay* andino tem uma estrutura semelhante: ele age a um só tempo no interior da sociedade dualista pela disjunção das metades e no exterior pela conjunção delas diante da divindade materna.

Sob muitos aspectos, a batalha ritual apresenta-se como uma operação transicional no sentido dos "fenômenos transicionais" definidos por Winnicott[44]. Como os "jogos", ela constrói alteridades simultâneas: a de uma ou outra das metades pela morte dada, a do conjunto das duas metades pelo sacrifício. Na primeira operação do ritual, a construção de uma metade pela reciprocidade da morte dada ocorre baseada no modelo simétrico do espelho. A outra metade parece então desempenhar o papel de "não eu [*moi*]" comparável ao objeto transicional que permite à criança pequena construir uma verdadeira relação de objeto. Cada uma das metades constitui para a outra uma "área intermediária [...] que se situa entre a criatividade primária e a percepção objetiva baseada na prova de realidade"[45]. Cada uma das metades constitui para a outra um es-

---

[43] Donald W. Winnicott, *Jeu et réalité. L'espace potentiel.*

[44] *Ibid.*, p. 11.

[45] *Ibid.*, p. 21.

paço transicional entre ela e a Terra-Mãe. Simultaneamente, as categorias instaladas pelo circuito sacrificial, ou seja, a segunda operação, põem fim à completude do corpo mãe ao unir metade do sacrificador e metade da vítima em relação à Terra-Mãe. Assim é que a guerra ritual construiria um espaço transicional e, nesse sentido, podemos considerá-la um rito transicional. Essa analogia parece ainda mais pertinente uma vez que essas batalhas também constituem um rito de iniciação: ter combatido na "tropa" de sua metade é uma condição de passagem à idade de homem. A crueldade desse encontro sangrento e a da Terra Mãe sanguinária que disso se beneficia ilustram bem a do drama que ocorre entre o bebê e sua mãe. Agora é no plano da sociedade que os adolescentes guerreiros de uma e outra metades são assim levados a "representar" (*pukllay*) a separação entre eles e a Terra-Mãe-Virgem assim como o confronto que vão ter com a realidade exterior.

O MITO, O RITO E O ARCAICO

Vimos viver a Virgem no coração e no inconsciente dos homens: ela lá revela, pelo rito, os aspectos que o mito dissimula. Agora é possível depreender alguns dos procedimentos da construção de sua crueldade: de sua ambigüidade andaluza à sua voracidade andina.

"Graças ao rito, a Virgem parece, assim, vir todos os anos encarnar-se em sua imagem – como faz Cristo no pão eucarístico"[46]: a Virgem mítica ganha vida no ritual e este produz figuras que surgem dos inconscientes. A ambivalência da Dolorosa diante do

[46] M. Albert-Llorca, "La fabrique du sacré. Les Vierges miraculeuses en pays valencien", p. 37.

suplício de seu divino filho provém de elaborações complexas; o sorriso entre as lágrimas, que foi um dia esculpido em seu rosto, os elogios galantes que a rua lhe lança, a música alegre tocada em sua intenção pelas fanfarras, a dança que seus carregadores a fazem executar, a sensualidade com a qual as confrarias enfeitam seu trono. Esses tratamentos da imagem tomam sentido se os aproximarmos de um detalhe que pode passar despercebido: durante a Semana Santa, Jesus Cristo costuma ser chamado de *Nuestro Padre Jesús*. Em conseqüência, surgem os procedimentos rituais que, nos interstícios da procissão canônica, confirmam a hipótese de um parricídio: os irmãos caminham mascarados de *nazarenos* e a culpa é significada pela cruz que carregam. A *corrida de resurección*, que encerra a Semana Santa no domingo de Páscoa, está em acordo com essa interpretação, se virmos suas relações com o assassinato do Pai que acaba de se cumprir: se opusermos o cordeiro místico imaculado e submisso ao sombrio touro selvagem, o sacrifício passivo da missa do primeiro ao sacrifício heróico do segundo, as mantilhas pretas de luto às mantilhas claras de festa.

Por outro lado, a Virgem está presente nos elementos rituais do jogo taurino. A construção de sua ambigüidade pelos membros das confrarias durante o assassinato de *Nuestro Padre Jesús* é coerente com o papel que lhe é conferido pelo rito da tourada: este a implica pelos detalhes que examinamos na volta da sexualidade encarnada pelo touro de combate, cuja selvageria sabemos ser fabricada pelos criadores. Vemos como os atores de uma cultura – oficiantes múltiplos das procissões, escultores de imagens santas, jornalistas que comparam na imprensa os méritos dos tronos, albergueiros que servem vinho aos atores do assassinato, toureiros da ressurreição, bordadeiras de capas de Virgens e de *capotillos* de toureiros, criadores especialistas em deixar um touro selvagem... – colaboram para representar juntos o rito e levá-lo para além do mito oficial, do qual se apropriam, aliás, sem nenhuma contradição.

Mais tarde, encontramos a Virgem *aficionada* transformada em mulher *guapa* e *bonita*: cruel porque os homens procuram possuí-la sem nunca conseguir de verdade. É, antes de tudo, o ritual que cria o suspense do rapto da Virgem: os rapazes aumentam a tensão no santuário com tanta eficiência que a Cruz Vermelha costuma ter de intervir. O acesso à Virgem é dificultado por técnicas precisas que é impossível enumerar, e a performance de "pôr-se debaixo d'Ela" é erigida em rito de iniciação pelo discurso e pela organização por faixa etária. A encarnação da divindade de que vimos diversos procedimentos oferece cruelmente, ao "homem de honra", um modelo de mulher que sua ética exige, mas que ele não alcançará nunca: uma mãe virgem, o que mais desejável e mais louco? Aqui, as elaborações fantasmáticas e rituais chocam-se cruelmente com o código moral. Mas é também que o corpo da Virgem, mesmo depois que alguém se pôs debaixo, continua sendo desconhecido e inacessível: a crueldade do segredo guardado pelas camareiras constrói a crueldade da Virgem. A própria *Virgen del Rocío* é elaborada como evanescente, e o caráter irremediável de sua perda, depois de cada peregrinação, exprime-se por suas aparições miraculosas, pelos cantos e pelas preces de seus fiéis.

Nesse *design* da crueldade da Virgem, o rito desempenha um papel preponderante, em particular no que diz respeito ao mito. É nele que a antropologia psicanalítica costuma buscar o inconsciente arcaico[47] . Aqui, nesta velha Europa cristã, o mito parece ser antes portador de uma doutrina e de uma Lei cujas falhas foram colmatadas por séculos de concílios, inquisições e excomunhões. Em compensação, o rito, pelo caráter efêmero de sua execução, por suas possibilidades de variantes, pela emoção que produz e sua impermeabilidade em outras esferas da cultura, parece deixar esca-

[47] Essa iniciativa é a de Patrice Bidou, *Le mythe de Tapir Chamane*...

par pulsões secretas, das quais o assassinato do Pai seguido do rapto da Mãe por irmãos não é das menores. O mito dá a versão oficial, ao passo que o rito dá a versão edipiana. A Igreja pôde expurgar o mito, mas não pode controlar o rito. A luta do arcebispo contra as confrarias ilustra admiravelmente essa distribuição dos papéis.

Assim, descobre-se o arcaico não no próprio mito, mas na cenografia que dele é feita pelo rito.

No novo mundo andino do cristianismo, os transbordamentos expressos pelos rituais parecem ter sido pouco apagados por missionários mais preocupados em perseguir as idolatrias que as pulsões. Mas foi no combate festivo entre metades que vimos desencadear-se a Wirjin Pachamama. O rito aparece aqui como uma encenação sangrenta do conflito intrapsíquico e a crueldade da Virgem, como uma manifestação deste. O mito ameríndio está certamente mais livre para exprimir o inconsciente, na medida em que as vias de passagem deste para o discurso estão menos obstruídas: é verdade que a crueldade de Pachamama pode eventualmente exprimir-se nos relatos. E o controle exercido pelo mito cristão está aqui menos vigilante que em terra de Igreja, já que deve negociar com seu concorrente pré-hispânico. O fato é que, nos Andes também, a via ritual revelou-se a mais precisa para observar o arcaico e o primordial de que a Virgem cruel é apenas uma das manifestações[48] . É igualmente o rito que permite à nossa santa Mãe assumir os traços aterrorizantes da divindade da Terra, que também não deixa de exprimir a crueldade do mito originário.

---

[48] A expressão "via ritual" é de Jacques Galinier que mostra o rendimento da exploração desta em "La mythologie est leur théorie des pulsions...", pp. 55-75. Para uma antropologia psicanalítica do ritual, ver também Bernard Juillerat, *Penser l'imaginaire. Essais d'anthropologie psychanalytique*.

Bibliografia

Albert-Llorca M., "La fabrique du sacré. Les Vierges miraculeuses en pays valencien", *Genèses, Sciences sociales et histoire*, nº 17, "Les objets et les choses", septembre 1994, p. 37; "La Vierge mise à nu par ses chambrières", *CLIO, Histoire, Femmes et sociétés*, 2, 1995, p. 201-228.

Alvarez G. R., *El Rocío al examen*, Almonte, 1975; *Pastora y peregrina*, Sevilha, 1977.

Amar N., Le Gouès G., Pragier G. (dir.), "Surmoi II, les développements post-freudiens", *Monographies de la Revue française de psychanalyse*, Paris, PUF, 1995.

Andréas-Salomé L., *Journal d'une année (1912-1913)* (11 de maio de 1913), Paris, Gallimard, 1970, p. 375.

Anzieu D., *Le Moi-peau*, Paris, Dunod, 1985; *L'épiderme nomade et la peau psychique*, Paris, Aspygée, 1990; *Une peau pour les pensées*, Paris, Aspygée, 1991.

Arendt H., *Le système totalitaire*, Paris, Le Seuil, 1972.

Artaud A., *Le théâtre et son double*, Paris, Gallimard, "Folio", 1964, p. 158.

Aulagnier P., "Le concept de potentialité psychotique", *Topique*, 82, 1986; *Les idéaux féminins*, Paris, L'Esprit du Temps, 2003, pp. 143-158.

Bellosta M.-C., notes et notices, *in* Colette, *Œuvres*, Paris, Gallimard, "Pléiade", 1991, t. III.

Bidou P., *Le mythe de Tapir Chamane. Essai d'anthropologie psychanalytique*, Paris, Odile Jacob, 2001.

Bottéro J. e Kramer S. N., *Lorsque les dieux faisaient l'homme*, Paris, Gallimard, 1989.

Brandes S., "Like wounded stags: male sexual ideology in an andalusian town", *in* Sh. Ortner e H. Whitehead (éd.), *Sexual Meanings: The Cultural Construction of Gender and Sexuality*, Cambridge Univ. Press, 1981, pp. 216-239; *Metaphors of Masculinity, Sex and Status in Andalusian Folklore*, Philadelphia, Univ. Of Pennsylvania Press, 1980.

Brazelton T. B., *Neonatal Behavioral Assessment Scale*, Londres, Spastics Medical publications, 1984.

Campuzano F., "Toro de la Virgen de Grazalema", *Revista de Estudios Taurinos*, nº 16, Sevilha, 2003, pp. 149-194.

Carrasco M., Márquez J., Perales M., Pichardo M. e Zurita M., *El Rocío. Fe y alegría de un pueblo*, Granada, Editorial Andalucía, 3 t., 1981.

Chacham R., *Rompre les rangs. Être Refuznik dans l'armée israélienne*, Paris, Fayard, 2003.

Chasseguet-Smirgel J. (dir.), *La sexualité féminine* (1964), Paris, Payot, 2002; *Les deux arbres du jardin* (1986), Paris, Des femmes, 1988; "Essai sur l'idéal du moi, contribution à la maladie d'idéalité", *Revue française de psychanalyse*, 1973, 37, 5-6 (relatório apresentado no XXIIIe Congrès des psychanalystes de langue romane, 1973; retomado em *La maladie de l'idéalité, essai psychanalytique sur l'idéal du moi*, Éd. universitaire, 1990).

Clancier A., "Psychanalyse d'un personnage: Cripure", *Louis Guilloux*, Paris, Calligrammes, 1986.

Colette, "Monstres", *Mes cahiers* (1941), *OCC*, XIV, Paris, Flammarion, 1950, p. 172; *La chatte* (1933), Pl, III, Paris, Gallimard, 1991, p.

882; "Assassins", *Aventures quotidiennes, ibid.*, p. 86; "Landru", "Portraits", *Prisons et paradis, ibid.*, p. 746-748.

Comelles J. M., "Los caminos del Rocío", *in* S. R. Becerra (éd.), *Antropología cultural de Andalucía*, Sevilha, Consejería de Cultura de la Junta de Andalucía.

Cornwell P., *Cruel and Unusual*, trad. fr., *Une peine d'exception*, Paris, Masque, 1994; *The Body Farm*, trad. fr., *La séquence des corps*, Paris, Masque, 1995; *From Potter's Field*, trad. fr., *Une mort sans nom*, Paris, Livre de Poche, 1995; "Kay Scarpetta Would Get Though on Young", Richmond Times-Dispatch, 13 de setembro de 1998 (www-Documents).

Cupa D., "La cruauté de l'effraction", *Revue de psychossomatique*, 36, 1994, 21-36; "La pulsion d'attachement chez D. Anzieu et la relation de tendresse", *L'attachement, Perspectives actuelles*, EDK, 2000; "La pulsion de cruauté", *Revue française de psychanalyse*, LXVI, 4, 2002, 1073-1089.

Delumeau J., *La peur en Occident*, Paris, Fayard, 1978, *Le péché et la peur*, Paris, Fayard, 1983.

Denis P., *Emprise et satisfaction*, Paris, PUF, 1997.

Deutsch H., "Some forms of emotional disturbances and their relationship to schizophrenia" (1934), retomado em *La psychanalyse des névroses*, Paris, Payot, 1970, p. 225; "L'imposteur", *ibid.*, p. 275.

Díaz-Recasens G., *Plazas de Toros*, Madri, Ministerio de Obras Públicas, 1993, p. 132.

Díaz-Recasens G. e Vasquez Consuegra G. (éd.), *Plazas de toros*, Madri, Secretaría General Técnica. Centro de Publicaciones. Ministerio de Obras Públicas, Transporte y Medio Ambiente, 1993.

Donnet J.-L., "Surmoi I, le concept freudien et la règle fondamentale", *monographies de la Revue française de psychanalyse*, Paris, PUF, 1995.

Dorey R., "Cette pointe extrême de la jouissance...", Propos sur la cruauté, *Écrit du temps*, nº 19, 1988, p. 99-117.

Duviols P., *La lutte contre les religions autochtones dans le Pérou colonial*, Lima, IFEA, 1971; *Procesos y Visitas de Idolatrías. Cajatambo, siglo XVII*, Lima, Pontificia Universidad del Perú – Institut français d'études andines, 2003, p. 723.

Faure-Pragier S., *Les bébés de l'inconscient. Le psychanalyste face aux stérilités féminines aujourd'hui* (1977), Paris, PUF, 1999.

Ferenczi S., *Journal clinique*, trad. pelo grupo do Coq-Héron, Paris, Payot, 1985, p. 171; "Transfert et introjection" (1909), trad. J. Dupont, prefácio de M. Balint, *Psychanalyse*, vol. 1, Paris, Payot, 1968, p. 113.

Fernández Juárez G., *El banquete aymara: Mesas yatiris*, Coleccion Biblioteca Andina, 15, La Paz, HISBOL, 1995.

Fréjaville A., "Pulsion de cruauté, cruauté de la pulsion", *Les pulsions* 2, *Cahiers du Centre de psychanalyse*, 26, 1993, 33-63.

Freud S., *Névrose, psychose et perversion* (1894-1924), Paris, PUF, 1999; *Trois essais sur la théorie sexuelle* (1905 *d*), Paris, Gallimard, 1987; *La vie sexuelle* (1907-1931), Paris, PUF, 1973; "Pour introduire le narcissisme" (1914 *c*), trad. D. Berger, J. Laplanche *et al.*, in *La vie sexuelle*, *op. cit.*; "Considérations actuelles sur la guerre et sur la mort", *Essais de psychanalyse* (1915), Paris, Payot, 1986; *Métapsychologie* (1915), Paris, Gallimard, 1968; *Le Moi et le Ça* (1923), *Essais de psychanalyse*, Paris, Petite Bibliothèque Payot, 1975; *Malaise dans la civilisation (culture)* (1929), Paris, PUF, 1976 (e trad. Ch. e J. Odier, Paris, PUF, 1971); "XXXIe Conférence: La décomposition de la personnalité psychique", *Nouvelles conférences d'introduction à la psychanalyse* (1932), Paris, Gallimard, 1984 (XXXIe Nouvelle Conférence, Paris, PUF, 1986, p. 93); "XXXIIIe Conférence: La féminité", *Nouvelles conférences d'introduction à la psychanalyse* (1932), Paris, Gallimard, 1984; "Dostoïevsky et le parricide" (1928 *b*).

Galinier J., "La mythologie est leur théorie des pulsions. Une approche amérindienne du conflit intrapsychique", *Topique*, 2003, 84, p. 55-75.

Galtier B., "Le temps des assassins", *in* R. Fonkua (éd.), *Dire, écrire, penser la violence*, Cergy, CRTH/Encrage, 2003.

Gisbert T., *Iconografía y Mitos Indígenas en Arte*, La Paz, Gisbert & SA, 1980.

Godard H., *Louis Guilloux romancier de la condition humaine*, Paris, Gallimard, 1999.

Green A., *Le discours vivant*, Paris, PUF, 1973; "La mort dans la vie. Quelques repères pour la pulsion de mort", *in* J. Guillaumin *et al.*, *L'invention de la pulsion de mort*, Paris, Dunod, 2000; "Agressivité, féminité, paranoïa et réalité", *Revue française de psychanalyse*, LXVI, 4, 2002, 1091-1102; *Idées directrices pour une psychanalyse contemporaine*, Paris, PUF, 2002 *b*.

Guilloux L., *Le sang noir*, Paris, Gallimard, "Folio", 1935, p. 113; *Carnets*, Paris, Gallimard, 1978; *L'herbe d'oubli*, Paris, Gallimard, 1984.

Harris O., "De l'assymétrie au triangle transformations symboliques au nord de Potosi", *Annales ESC*, 33e année, ns 5-6, 1978.

Héritier-Augé F., *Masculin/Féminin*, Paris, Odile Jacob, 1996, t. I, p. 234 e 290.

Infante Galán J., *Rocío. La devoción mariana de Andalucía*, Sevilha, 1971.

Juillerat b., *Penser l'imaginaire. Essais d'anthropologie psychanalytique*, Lausanne, Payot, 2001.

Kafka F., *La colonie pénitenciaire* (1919), Paris, Eglof, 1945.

Klein M., "Le complexe d'Œdipe éclaire par les angoisses précoces", *Essais de psychanalyse*, Paris, Payot, 1974; *Essais de psychanalyse* (1921-1945), Paris, Payot, 1974; *Envie et gratitude et autres essais* (1957), Paris, Gallimard, 1983; *La psychanalyse des enfants* (1959), Paris, PUF, 2001.

Kristeva J., *Le génie féminin, Melanie Klein*, Paris, Gallimard, "Folio Essais", 2003 (t. 1: *Hannah Arendt*, p. 233-248); "Portrait d'un tueur", *Elle*, 30 de junho de 2003.

Leiris M., *Miroirs de la tauromachie*, Paris, Guy Lévis Mano, 1964.

Lévi-Strauss C., *L'homme nu*, Paris, Plon, 1971, p. 603.

Loisel Y., *Louis Guilloux 1899-1980*, Brest, Coop Breizh, 1998.

Maertens J.-T., "Du simple au double. La ritualité de la gémellité psychique", *Nouvelle revue de psychanalyse*, 2, 1984, p. 83.

Martínez G., "*Una mesa ritual en Sucre. Aproximaciones semióticas al ritual andino*", La Paz, HISBOL-ASUR, 1987.

Martínez Alcalde J., *Imágenes sevillanas de la Virgen*, Sevilha, Éditorial Miriam, 1991.

Mercier M., *in* Colette, *Œuvres*, Paris, Gallimard, "Pléiade", 1991.

Mijolla-Mellor de S., *Le plaisir de pensée*, Paris, PUF, 1992, p. 145 sq.; *Meurtre familier. Approche psychanalytique d'Agatha Christie*, Paris, Dunod, 1995; *Le besoin de savoir*, Paris, Dunod, 2002, cap. 1.

Molinié A., "Cure magique dans la Vallée sacrée du Cuzco", *Journal de la Société des Américanistes*, t. LXVI, 1979, p. 85-98; "Te faire la peau pour t'avoir dans la peau: lambeaux d'ethnopsychanalyse andine", *L'Homme*, 149, 1999; "La Virgen del Rocío no tiene verguenza: aproximación antropológica de la mariolatría andaluza", *in* H. Velasco (éd.), *Homenaje a Julian Pitt-Rivers*, Madri, CSIC (no prelo).

Murphy M. D. e González Faraco J. C. (éd.), *El Rocío. Análisis culturales y históricos*, Huelva, Diputación de Huelva, 2002.

Nietzsche F., *Ainsi parlait Zarathoustra*, Paris, Gallimard, "Poche", p. 50.

Pasqualino C., *Dire le chant*, Paris, CNRS-EMSH, 1998; "L'étranglement de la voix. Signification d'une technique vocale chez les Gitans d'Andalousie". *Actes du colloque vocalisé dans les pays d'Europe méridionale et dans le Bassin méditerranéen*, Château de la Napoule, Cannes, décembre 2000.

Petot J.-M., *Melanie Klein: premières découvertes et premier système, 1919-1932*, Paris, Dunod, 1979; *Le Moi et le bon objet*, Paris, Dunod, 1982.

Pitt-Rivers J., *The People of the Sierra*, Chicago, Univ. Of Chicago Press, 1954; "Le sacrifice du taureau", *Le temps de la réflexion*, IV, 1983, p. 281-297; *Anthropologie de l'honneur. La mésaventure de Sichem*, Paris, Le Sycomore, 1983; "Postcript: the place of grace in anthropology", *in* J. G. Peristiany e J. Pitt-Rivers (éd.), *Honor and grace in Anthropology*, Cambridge, Cambridge Univ. Press, 1992, p. 227-228; "El toro de la Virgen, Grazalema (Cádiz)", *Demófilo. Revista de Cultura Tradicional de Andalucía*, nº 25, Sevilha, 1998, p. 19-26.

Platt T., "Symétries en miroir. Le concept de Yanantin chez les Macha de Bolivie", *Annales ESC*, 33e année, nos 5-6, 1978.

Porte M. (Bompard-), *Pulsions et politique*, Paris, L'Harmattan, 1997; "Les langues des masses selon Freud", *Cliniques méditerranéennes*, 57/58, Paris, Erès, 1998, p. 82; "Les preuves selon la psychanalyse. Conviction, croyance, confiance... et invention", *Topique*, 70, 1999, p. 135-153; *De la cruauté collective et individuelle*, Paris, L'Harmattan, 2002; "Des millions de cadavres dans les placards", *Topique*, 81 (*Guerre, mort et terreur*), 2003; *De l'angoisse. Psychanalyse des peurs individuelles et collectives*, Paris, Armand Colin, 2004.

Ramos Gavilán A., *Historia de Nuestra Señora de Copacabana*, La Paz, 1976.

Ressler R., *Who ever fight Monsters*, trad. fr., *Chasseur de tueurs*, de Paris, Presses de la Cité, 1992.

Rey A. *et al.*, *Le Robert. Dictionnaire historique de la langue française*, Paris, Dictionnaires Le Robert, 1992.

Rivière J., "Contribution to the analysis of the negative therapeutic reaction", *International J. Psycho-analysis*, XVII, p. 304-320 (trad. fr., *Psychanalistes*, nº 26, p. 3-19.

Romero de Solís P., "El toro de San Marcos en Beas de Segura (Jaén)", *Revista de Estudios Taurinos*, nº 8, Sevilha, 1998, p. 69-110.

Roussillon R., "Décomposition "clinique" du sadisme", *Revue française de psychanalyse*, LXVI, 4, 2002, p. 1167-1180.

Sade, Œuvres complètes VIII, *Juliette*, Paris, Cercle du livre précieux, 1962.

Salazar C., *Anthropologie des mineurs des Andes. Dans les entrailles de la Terre*, Paris, L'Hartmattan, 2002.

Smadja C., *La vie opératoire. Études psychanalytiques*, Paris, PUF, 2001.

Valderrama R. e Escalante C., "Pacha T'inka o la T'inka a la Madre Tierra en el Apurímac", *Allpanchis* nº 9, Cuzco, 1976, p. 177-191.

Vallée L. e Palomino S., "Quelques éléments d'ethnographie du "*ñakaq*"", *Bulletin de l'Institut français d'études andines*, 1973, II (4), p. 9-20.

Van den Berg H., *La tierra no da así no más. Los ritos agrícolas en la religión de los aymara-cristianos*, La Paz, HISBOL-UCB/ISET, 1990, p. 244.

Winnicott D., "Le développement affectif primaire" (1945), *De la pédiatrie à la psychanalyse*, Paris, Payot, 1969; "L'agressivité et ses rapports avec le développement affectif" (1950-1955), *ibid.*; "Intégration du moi au cours du développement de l'enfant" (1962), *Processus de maturation chez l'enfant*, Paris, Payot, 1974; *L'utilisation de l'objet et le mode de relation à l'objet au travers des identifications* (1971), *in* "La crainte de l'effondrement", Paris, Gallimard, 2000; *Jeu et réalité, L'espace potentiel*, Paris, Gallimard, 1975; "Distorsion du moi en fonction du vrai et du faux *self*" (1960), *Processus de maturation chez l'enfant*, Paris, Payot, 1970, chap. IX, p. 115-132.

Zagury D., "Entre psychose et perversion narcissique. Une clinique de l'horreur: les tueurs en série", *Évolution psychiatrique*, 61, 1, 1966, p. 109.

Zeeman c., *Catastrophe Theory*, Addison-Wesley, Reading (Mass.), 1978.

Índice remissivo

E

F

G

H

I

J

L

M

Impresso por:

Edil
Artes Gráficas

Tel/Fax: (21) 2159 7979
E-mail: edil@edil.com.br